cLv

Wolfgang Bühne

Ich bin
auch katholisch ...

Die Heilige Schrift und die Dogmen der Kirche

Christliche Literatur-Verbreitung e.V.
Postfach 11 01 35 · 33661 Bielefeld

1. Auflage 1988
2. Auflage 1989
3. Auflage 1991
4. überarbeitete Auflage 1992
5. aktualisierte und erweiterte Auflage 2006
6. Auflage 2010

© by CLV · Christliche Literatur-Verbreitung
Postfach 11 01 35 · 33661 Bielefeld
CLV im Internet: www.clv.de

Umschlag: Lucian Binder, Marienheide
Satz: CLV
Druck und Bindung: CPI – Ebner & Spiegel, Ulm

ISBN 978-3-89397-122-0

»Ihr erforscht die Schriften,
denn ihr meint,
in ihnen ewiges Leben zu haben,
und sie sind es,
die von mir zeugen.«

Johannes 5,39

»Die Heilige Schrift nicht kennen,
heißt Christus nicht kennen.«

Hieronymus

Inhaltsverzeichnis

Vorwort zur ersten Auflage

Es war im Herbst vergangenen Jahres. Ich kam von einer Hochzeit im Westerwald und befand mich auf dem Weg nach Hause. In Freudenberg bog ich auf die Autobahnauffahrt ein, wo ein sympathischer junger Mann energisch mit dem Daumen nach oben winkte – er wollte mitgenommen werden. Ich trat auf die Bremse, während der junge Mann herangelaufen kam und fragte, ob er in Richtung Ruhrgebiet mitfahren dürfe.

Vielleicht hatte er den Aufkleber »Jesus – unsere einzige Chance« auf der Heckscheibe unseres Wagens gelesen, jedenfalls waren wir in wenigen Minuten beim Thema, und er erzählte mir, dass er in Siegen studiere, früher aber eigentlich einmal katholischer Priester werden wollte. Jetzt fühle er sich aber berufen, Gott und der Kirche im sozialen Bereich zu dienen. Es entwickelte sich ein interessantes Gespräch, das ich hier etwas verkürzt aus meiner Erinnerung wiedergebe.

»Du möchtest Gott dienen. Weißt Du denn, dass Dir Deine Sünden vergeben sind?«
»Ja, das weiß ich.«
»Durch die Taufe, oder wodurch?«
»Nein, natürlich durch Jesus Christus!«
»Ohne die Mitwirkung Marias und der Heiligen?«
Er lachte und sagte: »Jesus Christus ist am Kreuz für mich gestorben.«
»Woher weißt Du das?«
»Das steht in der Bibel.«
»Glaubst Du, dass die Bibel von der ersten bis zur letzten Seite Gottes Wort ist?«
»Das glaube ich, auch wenn ich nicht alles verstehe. Aber – um auf Maria zurückzukommen – sie war eine außergewöhnlich begnadete Frau!«
»Selbstverständlich, aber sie wird an keiner Stelle im NT

›Mutter Gottes‹ genannt. Außerdem nennt sie Gott in ihrem
Magnifikat ›mein Heiland‹ und drückt damit ihre Erlösungsbedürftigkeit aus.«

»Hm«, meinte er, »sind Sie nicht katholisch?«

»Doch, ich bin auch katholisch, allerdings nicht römisch-ka-
tholisch.«

»Dann altkatholisch?«

»Na ja, wenn Du so willst, gehöre ich zu den ganz alten Katholiken, allerdings im buchstäblichen Sinn. Kurzum: Ich bin
nichts anderes als ein ganz normaler, ›allgemeiner‹ Christ, ein
Kind Gottes, dessen Maßstab für Denken und Leben das Wort
Gottes sein soll. Aber jetzt sag Du mir mal, wie Du zu der Gewissheit gekommen bist, dass Deine Sünden vergeben sind?«

Er erzählte mir dann, dass er in seiner Heimatgemeinde zu
einem Bibelkreis gehörte, in dem eifrig das Wort Gottes gelesen und auch gebetet wurde. Außerdem war er in einer katholischen Bruderschaft, in welcher die Bibel in Verbindung mit
dem gemeindlichen Leben eine große Rolle spielte.

»Welche Bibelübersetzung benutzt Du?«, fragte ich.

»Die Jerusalemer und die Scofield-Bibel.«

»Großartig«, sagte ich, »benutze den Jerusalemer Text unter
Verzicht der Anmerkungen und arbeite mit den Anmerkungen
der Scofield-Bibel und verzichte auf ihren Text. Aber erlaube
noch eine Frage: Nimmst Du regelmäßig an der Eucharistie
teil?«

»Ja, mit großer Freude«, bestätigte er.

»Glaubst Du auch, dass Brot und Wein nach der Segnung in
den Leib und in das Blut Jesu verwandelt werden?«

»Allerdings, das glaube ich.«

»Nun, da bin ich anderer Überzeugung. Glaubst Du denn
auch, dass bei jeder Messe Leib und Blut Jesu vom Priester
geopfert werden?«

»Ja, das habe ich bisher immer so angenommen.«

»Meinst Du also, dass das Opfer Jesu am Kreuz nicht ausreicht, um unsere Sünden zu sühnen?«

»Ehrlich gesagt, darüber habe ich mir bisher noch keine Gedanken gemacht«, meinte er nachdenklich.

»Bitte studiere unter diesem Gesichtspunkt einmal den Hebräerbrief und lies dazu die Anmerkungen von Scofield zum Thema ›Priestertum‹.«

Wir tauschten uns noch ein wenig über dieses und jenes aus, bis bald das Schild »Meinerzhagen – 1000 m« zu sehen war und ich die Autobahn verlassen musste. Bevor wir uns verabschiedeten, haben wir noch gemeinsam gebetet, unserem Herrn und Heiland für diese Begegnung gedankt und uns gegenseitig der Führung und Gnade Gottes anbefohlen.

Dieser junge Mann ist einer von vielen, die in den letzten Jahren innerhalb der röm.-kath. Kirche zum lebendigen Glauben an den Herrn Jesus gekommen sind. Er liebte seinen Erlöser und die Heilige Schrift. Er vertraute allein auf die Gnade Gottes und befand sich damit – ohne es zu wissen – im direkten Widerspruch zu seiner Kirche, die eine solche Überzeugung für ketzerisch hält und verdammt.

Es ist eine erfreuliche Tatsache, dass bei vielen Katholiken das Interesse an der Bibel gewachsen ist und viele durch das Lesen des Wortes Gottes zu einer persönlichen Beziehung zu Jesus Christus gekommen sind.

Diese Christen lagen mir am Herzen, als ich die einzelnen Kapitel dieses Buches schrieb. Ich dachte aber auch an solche, die aus einem anderen kirchlichen Lager kommen und die Lehren Roms kaum oder gar nicht kennen. Die röm.-kath. Kirche hat in den letzten Jahren nicht nur ihren Einfluss in der Gesellschaft stark vergrößert, sondern sie fasziniert auch mit ihren Repräsentanten immer mehr Christen anderer Bekenntnisse, denen die eigene, oft liberale und pluralistische Glaubensgemeinschaft angesichts der Geschlossenheit der röm.-kath. Kirche immer fragwürdiger erscheint.

Mein Wunsch und Gebet ist, dass dieses Buch dazu anregt, die fundamentalen Glaubenslehren der röm.-kath. Kirche zu überdenken und mit der Heiligen Schrift zu vergleichen.

Vorwort zur fünften, erweiterten Auflage

Seit der ersten Auflage dieses Buches im Jahr 1988 erreichten uns zahlreiche Reaktionen von Lesern, die sich teilweise dankbar, teilweise aber auch kritisch zu dem Inhalt geäußert haben.

So wurde z. B. angemerkt, dass der beschriebene Tauf- und Firm-Ritus nicht mehr der heutigen Praxis in der röm.-kath. Kirche entspricht.

Tatsächlich haben sich die Formen der röm.-kath. Kirche nach dem 2. Vatikanischen Konzil in einigen Bereichen geändert, und auch die Haltung zu den »getrennten Brüdern« ist eine andere geworden. Daher haben wir in dieser Neuauflage einige Korrekturen und Ergänzungen vorgenommen.

Als zusätzliche Bezugsquelle habe ich u. a. den im Jahr 1993 erschienenen »Katechismus der Katholischen Kirche« benutzt, der von 12 Kardinälen und Bischöfen unter dem Vorsitz des damaligen Kardinals Joseph Ratzinger vorbereitet und von Papst Johannes Paul II. als »sichere Norm für die Lehre des Glaubens« und als »authentischer Bezugstext für die Darlegung der Katholischen Lehre«[1] zur Veröffentlichung angeordnet wurde.

Jener junge »Anhalter« übrigens, der damals neben mir im Auto saß und mit mir über den katholischen Glauben redete und der – ohne es zu ahnen – den Titel für dieses Buch lieferte, meldete sich nach ca. 18 Jahren wieder. In irgendeiner Buchhandlung hatte er das Buch gesehen, gekauft, gelesen und sich erstaunt auf den ersten Seiten wiedererkannt. Kurz darauf besorgte er sich meine Telefon-Nummer und rief an. Natürlich erinnerte ich mich an diese Begegnung und erfuhr dann von ihm, dass er – inzwischen ziemlich enttäuscht von den Kirchen und religiösen Gruppen – ein desillusionierter, einsamer Mann geworden ist.

Ihm und vielen anderen Christen, die in ähnlicher Weise enttäuscht und resigniert das Ziel aus den Augen verloren haben,
oder auch solchen, die nach biblischen Prinzipien fragen und
leben möchten, ist dieses Buch gewidmet.

Jesus Christus spricht:

**»Ich bin der Weg, die Wahrheit und das Leben. Niemand
kommt zum Vater als nur durch mich«** (Joh. 14,6).

Meinerzhagen, im Sommer 2005

1. Die Glaubensgrundlage –
Kirchliche Überlieferungen und die Heilige Schrift

Bevor wir beginnen, die wichtigsten Dogmen der röm.-kath. Kirche zu beleuchten, ist es wichtig festzustellen, worin die Glaubensgrundlage der röm.-kath. Kirche besteht.

Wer bestimmt, was geglaubt werden soll? Ist die Heilige Schrift die unantastbare Grundlage, die alleinige Autorität und das einzige Kriterium unseres Glaubens, oder haben wir auch noch auf andere Offenbarungsquellen Rücksicht zu nehmen?

Die Antwort der röm.-kath. Kirche ist eindeutig:

> »Unsere Kirche hält fest daran und hat immer schon gelehrt, dass die Heiligen Schriften das geschriebene Wort Gottes sind. Die Kirche, um mit den Worten des Konzils zu sprechen, glaubt und lehrt bezüglich der Bücher des Alten und Neuen Testamentes, dass Gott der Urheber eines jeden Buches ist, und gestützt auf diesen Glauben hält sie auch unerschütterlich daran fest, dass die Heilige Schrift nichts enthalten kann als die vollkommene Wahrheit über Glaube und Sitten.
> Wenn dem aber so ist, müssen wir dann nicht schließen, dass Gottes Wort einzig in diesen Schriften enthalten ist? Keineswegs. Unsere Kirche behauptet, dass es auch noch ein ungeschriebenes Gotteswort gibt, das wir apostolische Überlieferung (Tradition) nennen. Sie macht es einem jeden Christen zur Pflicht, das eine wie das andere mit gleicher Ehrfurcht aufzunehmen.«[2]

Während die früheren Kirchenväter bis ins 5. Jahrhundert der Überzeugung waren, dass allein die Heilige Schrift Autorität hat (so z.B. Augustinus: »Wenn die kath. Bischöfe etwas denken, was den kanonischen Schriften Gottes zuwiderläuft, braucht man nicht zu denken wie sie«)[3], so finden wir schon in den folgenden Jahrhunderten eine Anzahl Erklärungen, die deutlich machen, dass nicht nur die Heilige Schrift, sondern auch die Überlieferungen der »heiligen Väter« und der Kirchenversammlungen (»geschriebene und ungeschriebene«) für absolut gehalten wurden.

»Wer nicht entsprechend den heiligen Vätern mit Herz und Mund bis aufs letzte Wort eigentlich und wahrhaft all das bekennt, was von den heiligen Vätern und von den fünf allgemeinen verehrungswürdigen Kirchenversammlungen der heiligen katholischen und apostolischen Kirche Gottes überliefert und verkündet worden ist, der sei ausgeschlossen.«
(Konzil im Lateran unter Papst Martin I., 649)

»Wer nicht die ganze kirchliche Überlieferung annimmt, die geschriebene wie die ungeschriebene, der sei ausgeschlossen.«
(Das 2. Konzil zu Nicäa, 787)

»Die heilige Kirchenversammlung weiß, dass diese Wahrheit und Ordnung enthalten ist in geschriebenen Büchern und ungeschriebenen Überlieferungen, die die Apostel aus Christi Mund empfangen haben oder die von den Aposteln selbst auf Eingebung des Heiligen Geistes gleichsam von Hand zu Hand weitergegeben wurden und so bis auf uns gekommen sind.
So folgt sie dem Beispiel der rechtgläubigen Väter, wenn sie alle Bücher des Alten und Neuen Bundes – denn der eine Gott ist ja der Urheber von beiden – zugleich mit den Überlieferungen, die Glaube und Sitte betreffen, mit gleicher frommer Bereitschaft und Ehrfurcht anerkennt und verehrt. Denn sie stammen ja aus dem Munde Christi oder sind vom Heiligen Geist eingegeben und sind in ununterbrochener Folge in der katholischen Kirche bewahrt worden.«
(Konzil zu Trient, 1546)

»(...) Mit göttlichem und katholischem Glauben ist also das zu glauben, was im geschriebenen oder überlieferten Wort Gottes enthalten ist und von der Kirche in feierlichem Entscheid oder durch gewöhnliche allgemeine Lehrverkündigung als von Gott geoffenbart zu glauben vorgelegt wird.«
(1. Vatikanisches Konzil, 1870)

»Die Heilige Überlieferung und die Heilige Schrift sind eng miteinander verbunden und haben aneinander Anteil. Demselben göttlichen Quell entspringend, fließen beide gewissermaßen in eins zusammen und streben demselben Ziel zu. Denn die Heilige Schrift ist Gottes Rede, insofern sie unter dem Anhauch des Heiligen Geistes schriftlich aufgezeichnet wurde. Die Heilige Überlieferung aber gibt das Wort Gottes, das von Christus dem Herrn und vom Heiligen Geist den Aposteln anvertraut wurde, unversehrt an deren Nachfolger weiter, damit sie es unter der erleuchtenden Führung des Geistes der Wahrheit in ihrer Verkündigung treu bewahren, erklären und ausbreiten. So ergibt sich, dass die Kirche ihre Gewissheit über alles Geoffenbarte nicht aus der Heiligen Schrift allein schöpft. Daher sollen beide mit gleicher Liebe und Achtung angenommen und verehrt werden.«

(2. Vatikanisches Konzil, 1964)

Grundlage und Kriterium des Glaubens ist also für die röm.-kath. Kirche nicht allein die Heilige Schrift, sondern gleichbedeutend sind die Lehrentscheidungen von Päpsten, Konzilien usw., die den Anspruch erheben, dass sie »vom Heiligen Geist eingegeben« und daher für jeden röm.-kath. Gläubigen verpflichtend sind.

Die Lehre über die Inspiration der Heiligen Schrift

Leider muss an dieser Stelle deutlich gemacht werden, dass die röm.-kath. Kirche die Überlieferungen von fehlbaren Menschen und Konzilien sehr hoch achtet, mittlerweile jedoch ein gebrochenes Verhältnis zu der Autorität des vom Heiligen Geist inspirierten, unfehlbaren Wortes Gottes hat.

Das Inspirations-Verständnis der röm.-kath. Kirche ist in den letzten Jahrzehnten deutlich liberalisiert worden. Während es viele Jahrhunderte lang unbestritten war, dass die Heilige Schrift in allen Teilen vom Heiligen Geist eingegeben worden und damit

frei von jedem Irrtum ist, hat die historisch-kritische Forschung
vor den Türen der röm.-kath. Theologie nicht Halt gemacht, sondern die Lehre über die Inspiration der Bibel stark beeinflusst.
1893 hatte sich Papst Leo XIII. noch in einem Rundschreiben
rückhaltlos zur Irrtumslosigkeit des Wortes Gottes bekannt:

>>Gewiss besteht die Möglichkeit, dass den Schreibern bei der Abschrift
der Handschriften Fehler unterlaufen sind. Doch ist hier sorgfältige
Prüfung am Platz ... Aber Unrecht ist es, die göttliche Eingebung nur
auf bestimmte Teile der Heiligen Schrift einzuschränken oder zuzuge-
ben, dass der heilige Schriftsteller geirrt habe. Auch die Auffassung
derer ist nicht zulässig, die sich aller Schwierigkeiten dadurch entledi-
gen, dass sie ohne Bedenken zugeben, die göttliche Eingebung beziehe
sich nur auf Sachen des Glaubens und der Sitten, sonst auf nichts. Sie
gehen dabei von der falschen Voraussetzung aus: Wo es sich um die
Wahrheit von Aussagen handelt, da dürfe man nicht so sehr danach fragen, was Gott gesagt habe, sondern vielmehr, wozu er es gesagt habe.
Vielmehr sind alle Bücher, die die Kirche als heilig und kanonisch
anerkennt, vollständig mit allen ihren Teilen unter Eingebung des
Heiligen Geistes verfasst. Der göttlichen Eingebung jedoch kann kein
Irrtum unterlaufen. Sie schließt ihrem Wesen nach jeden Irrtum aus.
Mit derselben Notwendigkeit schließt sie ihn vollkommen aus, mit der
Gott, die höchste Wahrheit, nicht Urheber eines Irrtums sein kann. So
ist es alter und beständiger Glaube der Kirche.
Es ist nutzlos, sich darauf zu berufen, dass der Heilige Geist Menschen
als Werkzeuge zum Schreiben benützt habe: So seien nicht dem eigentlichen Urheber, sondern den inspirierten Verfassern Irrtümer unterlaufen.
Denn mit übernatürlicher Kraft hat er sie so zum Schreiben angeregt und
bestimmt, ist ihnen so beim Schreiben zur Seite gestanden, dass sie alles
das, aber auch nur das, was er sie hieß, richtig im Geist auffassten, getreu
niederschreiben wollten und auch passend in unfehlbarer Wahrheit aus-
drückten. Sonst wäre er ja nicht Urheber der gesamten Heiligen Schrift.<<[d]

Auch in der neuesten Ausgabe des >>Katechismus der Katholischen Kirche<< kann man deutliche Worte lesen, die jeder,
der die Heilige Schrift liest und liebt, nur dankbar unterstrei-
chen kann:

>»Da also all das, was die inspirierten Verfasser oder Hagiographen
aussagen, als vom Heiligen Geist ausgesagt gelten muss, ist von den
Büchern der Schrift zu bekennen, dass sie sicher, getreu und ohne Irrtum die Wahrheit lehren, die Gott um unseres Heils willen in heiligen
Schriften aufgezeichnet haben wollte.«[5]

Nach dem 2. Vatikanischen Konzil 1964 wurde jedoch deutlich, dass die »moderne«, bibelkritische Theologie inzwischen
die traditionelle Haltung zur Irrtumslosigkeit der Schrift verändert hat, so dass – wie im protestantischen Lager – eine
konservative wie auch eine liberale Haltung zur Inspiration
der Heiligen Schrift zu beobachten ist.

Nach liberaler Überzeugung ist die Bibel jetzt nur noch da
Gottes Wort, wo sie unter dem »Anhauch des Heiligen Geistes
schriftlich aufgezeichnet wurde«. Sie enthalte wohl Gottes
Wort, sei aber nicht Gottes Wort, und es bleibt den Theologen
überlassen, was sie nach historisch-kritischer Forschung als
Wort Gottes anerkennen.

>»Denn die Heilige Schrift ist Gottes Rede, insofern sie unter dem An-
hauch des Heiligen Geistes schriftlich aufgezeichnet wurde.
Da Gott in der Heiligen Schrift durch Menschen nach Menschenart gesprochen hat, muss der Schrifterklärer, um zu erfassen, was Gott uns mitteilen wollte, sorgfältig erforschen, was die heiligen Schriftsteller wirklich
zu sagen beabsichtigten und was Gott mit ihren Worten kundtun wollte.
Um die Aussageabsicht der Hagiographen zu ermitteln, ist neben anderem auf die literarischen Gattungen zu achten. Denn die Wahrheit
wird je anders dargelegt und ausgedrückt in Texten von in verschie-
denem Sinn geschichtlicher, prophetischer oder dichterischer Art, oder
in anderen Redegattungen. Weiterhin hat der Erklärer nach dem Sinn
zu forschen, wie ihn aus einer gegebenen Situation heraus der Hagio-
graph den Bedingungen seiner Zeit und Kultur entsprechend – mit
Hilfe der damals üblichen literarischen Gattungen – hat ausdrücken
wollen und wirklich zum Ausdruck gebracht hat. Will man richtig verstehen, was der heilige Verfasser in seiner Schrift aussagen wollte, so
muss man schließlich genau auf die vorgegebenen umweltbedingten

Denk-, Sprach- und Erzählformen achten, die zur Zeit des Verfassers herrschten, wie auf die Formen, die damals im menschlichen Alltagsverkehr üblich waren.«

(2. Vatikanisches Konzil, 1964)

Inzwischen wird offiziell gelehrt, dass die Heilige Schrift nur in den Wahrheiten irrtumslos ist, »die Gott um unseres Heils willen« aufgezeichnet haben wollte.

Nach dieser Auffassung ist der Schöpfungsbericht nicht geschichtlich wahr und nur eine Bildersprache. Daher sieht man auch keine Gegensätze zwischen Schöpfungsglauben und Evolution.

»Schärfer achtet auch die Theologie auf ihre Grenzen. Sie weiß heute, dass die Bibel sich in ihrer Ausdrucks- und Vorstellungsweise des Weltbildes der damaligen Zeit bedient, das als solches für uns nicht verbindlich ist. Ihrer Aussageintention nach will uns die Bibel nicht über die empirisch erkennbare Entstehung der Welt und der verschiedenen Arten der Lebewesen unterrichten. Sie will vor allem sagen, dass Gott der Schöpfer der Welt und ihr Heil ist. Es ist darum kein Gegenstand des Glaubens, dass Gott die Welt, wie es die Bibel bildhaft darstellt, in sechs Tagen geschaffen hat und dass er alles am Anfang so geschaffen hat, wie wir es heute vorfinden.«[6]

»Um diese Erzählung richtig zu verstehen, müssen wir wissen, dass die Heilige Schrift vom geheimnisvollen Wirken Gottes nicht so sehr in begrifflichen Aussagen als in Bildern redet. Diese sind aus dem menschlich-diesseitigen Bereich genommen und zum Teil den Mythen der damaligen Zeit entlehnt. Gott spricht ja zu uns in einer menschlichen Sprache, die die jeweiligen Menschen mit ihren Vorstellungen verstehen können. Da es sich um Bildersprache handelt, darf man sie nicht als eine Art historische Reportage über die Anfänge der Menschheitsgeschichte verstehen.«[7]

»Schöpfungsglaube und Evolutionstheorie widerstreiten also einander nicht grundsätzlich; beide Aussagen geben vielmehr eine Antwort auf ganz verschiedene Fragen; sie liegen auf verschiedenen Ebenen und sind verschiedenen Erkenntnisweisen zugeordnet.«[8]

Auch die Evangelien werden nicht mehr als historische Berichte ernst genommen, was dazu führt, dass auch prominente
kath. Theologen nicht mehr an die Jungfrauengeburt glauben,
wohl aber von der »zeichenhaften Bedeutung« dieser Überlieferung reden und damit den schlichten Katholiken irreführen.

Was für eine Schizophrenie besteht darin, dass jeder röm.-
kath. Gläubige seit 1950 das völlig unbiblische, aber trotzdem – nach katholischer Lehre – unfehlbare Dogma von der
leiblichen Himmelfahrt Marias glauben muss, während viele
röm.-kath. Theologen nicht einmal die eindeutig biblisch be-
zeugte Jungfrauengeburt Jesu für geschichtlich wahr halten.

Die vorgeschriebenen Bibelausgaben

Bis heute erlaubt die röm.-kath. Kirche nur den Gebrauch
einer Bibel mit kirchlicher Approbation (Erlaubnis). Andere
Übersetzungen dürfen mit gewissen Einschränkungen nur
von denen benutzt werden, die sich mit theologischen Stu-
dien befassen.

Grundlage für jede katholische Bibelübersetzung ist die Vulgata, die lateinische Bibelübersetzung des Hieronymus, der
im Jahr 383 von Damaskus I. mit der Niederschrift beauftragt
worden war. Dieser Übersetzung fügte er später die Apokryphen hinzu, wobei er aber auf den Unterschied zwischen diesen und den kanonischen Büchern hinsichtlich der Inspiration
und der geistlichen Bedeutung aufmerksam machte.

> »Hieronymus (340-420 n.Chr.), der große Gelehrte und Übersetzer
> der Vulgata, lehnte die Apokryphen als Teil des Kanons ab. Er stritt
> sich bis über das Mittelmeer mit Augustinus über diesen Punkt. Er
> weigerte sich zuerst sogar, die apokryphen Bücher ins Lateinische zu
> übersetzen; später aber übersetzte er einige von ihnen in aller Eile.
> Nach seinem Tode – und buchstäblich ›über seine Leiche‹ – wurden
> die apokryphen Bücher direkt aus der Vetus Latina (der altlateinischen
> Version, auch ›Itala‹ genannt) in seine Vulgata übertragen.«[9]

Diese Apokryphen galten lange Zeit für nichtkanonisch, bis 1546 das Konzil zu Trient die Bücher Tobias, Judith, Weisheit, Ecclesiasticus (Jesus Sirach) und 1. und 2. Makkabäer als kanonisch, also dem Kanon der Bibel zugehörig, erklärte.

>>Wer aber eben diese ganzen Bücher mit allen ihren Teilen, wie sie in der katholischen Kirche gelesen werden und in der alten lateinischen Vulgata-Ausgabe enthalten sind, nicht als heilig und kanonisch anerkennt und wer bewusst und mit Bedacht die Überlieferungen, von denen die Rede war, verachtet, der sei ausgeschlossen ...<<

>>In der Überzeugung, dass es für die Kirche Gottes von nicht geringem Nutzen sein kann, wenn man weiß, welche von allen lateinischen Ausgaben der heiligen Bücher, die in Gebrauch sind, als maßgebend zu betrachten ist, bestimmt und erklärt diese heilige Versammlung: Ebendiese alte Ausgabe der Vulgata, die sich durch jahrhundertelangen Gebrauch in der Kirche bewährt hat, ist in öffentlichen Vorlesungen, in wissenschaftlichen Auseinandersetzungen, Predigten und Darlegungen als maßgebend zu betrachten. Niemand soll es sich herausnehmen, sie aus irgendeinem Vorwand abzulehnen.<<

(Konzil zu Trient, 1546)

>>Wer nicht alle Bücher der Heiligen Schrift mit allen ihren Teilen, wie sie die Kirchenversammlung von Trient anführte, als heilige kanonische Schriften anerkennt oder wer leugnet, dass sie von Gott eingegeben sind, der sei ausgeschlossen.<<

(1. Vatikanisches Konzil, 1870)

Es ist nahe liegend, dass das Trienter Konzil als Reaktion auf die Reformation die Apokryphen der Bibel hinzufügte, um die von den Reformatoren vorgeworfenen Abweichungen von der Heiligen Schrift rechtfertigen zu können. Nur in diesen Apokryphen finden sich Belege für die Anrufung und Fürbitte der Heiligen, für die Fegefeuerlehre, für das Gebet zugunsten der Toten usw. Sämtliche katholischen Bibelausgaben enthalten daher die Apokryphen, und es ist interessant, die Einleitung der Einheitsbibel zu den Makkabäer-Büchern zu lesen:

»Das Buch ist vor allem wegen seiner fortgeschrittenen Lehre über die Auferstehung der Toten, über das Gebet für die Verstorbenen, über die Verdienste der Märtyrer und die Fürbitte der Heiligen bedeutsam. Diese theologischen Aussagen begründen und rechtfertigen die Stellung des Buches im alttestamentlichen Kanon.«[10]

Auch im »Katechismus der Katholischen Kirche« (1993) werden die apokryphen Bücher ausdrücklich und namentlich zu dem Kanon der »heiligen Bücher« des AT gezählt und als von Gott inspiriert angesehen.

Erfreulich ist allerdings, dass das 2. Vatikanische Konzil die Bedeutung der Vulgata als Grundlage relativiert und die Rückkehr zum »Urtext« empfohlen hat. Damit wird allerdings in keiner Weise die Zugehörigkeit der Apokryphen zum biblischen Kanon angezweifelt, und geblieben ist auch die Notwendigkeit der kirchlichen Zustimmung für den Gebrauch neuerer Übersetzungen.

»Der Zugang zur Heiligen Schrift muss für die an Christus Glaubenden weit offen stehen. Darum hat die Kirche schon in ihren Anfängen die älteste Übersetzung des Alten Testamentes, die griechische, die nach den Siebzig (Septuaginta) benannt wird, als die ihre übernommen. Die anderen orientalischen und die lateinischen Übersetzungen, besonders die so genannte Vulgata, hält sie immer in Ehren. Da aber das Wort Gottes allen Zeiten zur Verfügung stehen muss, bemüht sich die Kirche in mütterlicher Sorge, dass brauchbare und genaue Übersetzungen in die verschiedenen Sprachen erarbeitet werden, mit Vorrang aus dem Urtext der Heiligen Bücher. Wenn die Übersetzungen bei sich bietender Gelegenheit und mit Zustimmung der kirchlichen Autorität in Zusammenarbeit auch mit den getrennten Brüdern zustande kommen, dann können sie von allen Christen benutzt werden.«

(2. Vatikanisches Konzil, 1964)

Die Auslegung der Heiligen Schrift

Während in vielen vergangenen Jahrhunderten das Bibellesen für den röm.-kath. Gläubigen teilweise verboten oder nur eingeschränkt möglich war, wird seit etwa hundert Jahren und besonders nach dem 2. Vatikanischen Konzil das Bibellesen empfohlen.

Papst Leo XIII. sprach mit einem Dekret vom 13.12.1898 dem Bibellesen sogar die Wirksamkeit von Ablässen zu: 300 Tage Ablass für eine Viertelstunde Evangelien-Lektüre, vollkommener Ablass bei monatlicher regelmäßiger Lektüre.[11]

Allerdings besteht die röm.-kath. Kirche bis heute darauf, dass die Auslegung der Heiligen Schrift der Kirche »als von Gott bestimmte Hüterin der geoffenbarten Wahrheit« vorbehalten bleibt.

»Ferner beschließt sie, um leichtfertige Geister im Zaum zu halten: Niemand soll es wagen, in Sachen des Glaubens und der Sitten, die zum Aufbau christlicher Lehre gehören, die Heilige Schrift im Vertrauen auf eigene Klugheit nach seinem eigenen Sinn zu drehen, gegen den Sinn, den die heilige Mutter, die Kirche, hielt und hält – ihr steht das Urteil über den wahren Sinn und die Erklärung der heiligen Schriften zu –, oder auch die Heilige Schrift gegen die einstimmige Auffassung der Väter auszulegen, auch wenn eine solche Auslegung niemals zur Veröffentlichung bestimmt wäre.«

(Konzil zu Trient, 1546)

»Der segensvolle Lehrentscheid der Kirchenversammlung von Trient über die Schrifterklärung, der leichtfertige Geister im Zaume halten sollte, hat von einigen eine üble Auslegung erfahren. Wir erneuern diesen Entscheid und erklären seinen Sinn dahin, dass in Sachen des Glaubens und der Sitten, die zum Aufbau christlicher Lehre gehören, der als der wahre Sinn der Schrift anzunehmen ist, den die heilige Mutter, die Kirche, festhielt und festhält. Ihr steht das Urteil über den wahren Sinn und die Erklärung der Heiligen Schriften zu. Niemand darf also gegen diesen Sinn oder gegen die einstimmige Väterlehre die Heilige Schrift erklären.«

(1. Vatikanisches Konzil, 1870)

»… Die Aufgabe aber, das geschriebene oder überlieferte Wort Gottes verbindlich zu erklären, ist nur dem lebendigen Lehramt der Kirche anvertraut, dessen Vollmacht im Namen Jesu Christi ausgeübt wird. Das Lehramt ist nicht über dem Wort Gottes, sondern dient ihm, indem es nichts lehrt, als was überliefert ist, weil es das Wort Gottes aus göttlichem Auftrag und mit dem Beistand des Heiligen Geistes voll Ehrfurcht hört, heilig bewahrt und treu auslegt und weil es alles, was es als von Gott geoffenbart zu glauben vorlegt, aus diesem einen Schatz des Glaubens schöpft.«

(2. Vatikanisches Konzil, 1964)

Zusammenfassung

Die röm.-kath. Kirche lehrt also:

- Die kirchliche Überlieferung (Tradition) hat dieselbe Autorität wie die Heilige Schrift.

- Die Ablehnung der kirchlichen Überlieferungen schließt vom Heil aus.

- Die Apokryphen gehören zum Kanon der Heiligen Schrift.

- Die Heilige Schrift lehrt getreu und ohne Irrtum die Wahrheit, andererseits aber auch:

- Die Bibel enthält wohl Gottes Wort, ist aber nicht in allen Teilen Gottes Wort.

- Nur kirchlich genehmigte Übersetzungen der Bibel dürfen benutzt werden.

- Die Auslegung der Bibel kann nur von der Kirche bestimmt werden.

Die Konsequenzen

Wenn das inspirierte Wort Gottes nicht als einzige Instanz für
unser Glaubensleben gilt, sondern Überlieferungen, Auffassungen und Interpretationen von Menschen dieselbe Autorität bekommen, ist jedem Irrtum und jeder Verführung Tür
und Tor geöffnet. Nur so konnten z. B. die Dogmen von der
»unbefleckten Empfängnis« Marias und schließlich das 1950
verkündete Dogma von der leiblichen Himmelfahrt Marias
erklärt werden, von welcher Katholiken vergangener Jahrhunderte wohl kaum eine Ahnung hatten.

Bereits bei dieser wichtigen Frage nach den Grundlagen des
Glaubens wird deutlich, dass die röm.-kath. Kirche die persönliche Verantwortung des Einzelnen vor Gott leugnet und
eine Zwischen-Instanz geschaffen hat, der man verantwort-
lich ist und die darüber entscheidet, was geglaubt und gelehrt
werden soll. Daher ist es auch innerhalb der röm.-kath. Kirche
nicht möglich, allein mit der Heiligen Schrift zu argumentie-
ren und so Missstände zu beheben. Für eine grundlegende
bibelbezogene Reform gibt es daher in der röm.-kath. Kirche
keine Voraussetzung.

Was lehrt die Bibel?

In der Bibel wird man vergebens nach einem Hinweis auf
eine menschliche Instanz suchen, die autorisiert wäre, verbindliche Aussagen für unser Glaubensleben zu machen, oder
welche die Auslegung der Bibel zu bestimmen hätte.
Timotheus wird von dem Apostel Paulus aufgefordert:

*»Du aber bleibe in dem, was du gelernt hast und wovon du
völlig überzeugt bist, da du weißt, von wem du gelernt hast,
und weil du von Kind auf die Heiligen Schriften kennst, die*

Kraft haben, dich weise zu machen zur Errettung durch den Glauben, der in Christus Jesus ist« (2. Tim. 3,14-15).

Paulus verpflichtet die Ältesten von Ephesus nicht auf Lehrentscheidungen eines Konzils:

»Und nun befehle ich euch Gott und dem Wort seiner Gnade, das die Kraft hat, aufzuerbauen und ein Erbe unter allen Geheiligten zu geben« (Apg. 20,32).

In dem Brief an die Galater wird ein Fluch über diejenigen ausgesprochen, die etwas anderes verkündigen, als was die Apostel gepredigt haben:

»Wenn aber auch wir oder ein Engel aus dem Himmel euch etwas entgegen dem verkündigten, was wir euch als Evangelium verkündigt haben: er sei verflucht!« (Gal. 1,8).

Wir finden viele Warnungen im NT, die deutlich machen, dass nach dem Abscheiden der Apostel viele Irrlehrer aufstehen würden,

- »die der Herde nicht schonen« (Apg. 20,29),

- »die auf betrügerische Geister und Lehren der Dämonen achten, die in Heuchelei Lügen reden« (1. Tim. 4,1-2),

- »welche die Gnade Gottes in Ausschweifung verkehren« (Judas 4),

- »die den Glauben etlicher zerstören« (2. Tim. 2,18).

- »Denn es wird eine Zeit sein, da sie die gesunde Lehre nicht ertragen, sondern nach ihren eigenen Lüsten sich selbst Lehrer aufhäufen werden, weil es ihnen in den Ohren kitzelt; und sie werden die Ohren von der Wahrheit abkehren und sich zu den Fabeln hinwenden« (2. Tim. 4,3-4).

Jedes Dogma, jede Entscheidung, jede Überlieferung und Verkündigung muss daher anhand der Heiligen Schrift überprüft werden, welche die einzige verbindliche Offenbarungsquelle der Gedanken Gottes ist und die daher von jedem Christen als alleinige Richtschnur für das Glaubensleben sorgfältig gelesen und studiert werden sollte.

2. Der Mensch –
durch die Sünde verwundet oder verdorben?

Auf den ersten Blick scheint diese Frage vielleicht unwichtig und nebensächlich. Tatsache ist jedoch, dass wir mit diesem Thema eine der wichtigsten Fragen behandeln, die nicht nur für die Beurteilung des Katholizismus, sondern auch des Humanismus und der von ihm beeinflussten psychologischen Schulen von größter Wichtigkeit ist.

Ist der Mensch in sich gut oder böse? Hat der Sündenfall dazu geführt, dass der Mensch unfähig geworden ist, gute Werke zu tun, oder ist ihm die Fähigkeit dazu erhalten geblieben? Hat der Mensch einen »freien« Willen, oder ist er ein Sklave der Sünde?

Die Behandlung dieser Fragen berührt die Themen »Rechtfertigung« und »Gnade«, die mit dem Problem der Sündhaftigkeit des Menschen in der katholischen Theologie eng zusammenhängen.

In der Reformationszeit ist besonders über diese Frage viel nachgedacht und geschrieben worden. Luther hat 1525 mit einem langen Brief auf die Schrift des Erasmus von Rotterdam geantwortet, welcher mit großer Beredsamkeit den freien Willen des Menschen vertreten hatte.

Luther schrieb in diesem Brief u. a.:

> »Es ist also nicht unfromm, vorwitzig und überflüssig, sondern für einen Christen vor allem andern heilsnotwendig zu wissen, ob der Wille dort, wo es um das ewige Heil geht, etwas oder gar nichts vermag. Begreif es doch, dass hier der eigentliche Angelpunkt unserer Auseinandersetzung liegt, hier muss unser Streit entschieden werden; denn eben hierum geht es uns, zu untersuchen, was der freie Wille vermag,

was an ihm geschieht und wie er sich zur Gnade Gottes verhält. Wenn
wir dies nicht wissen, werden wir überhaupt nichts Christliches verstehen und schlimmer sein als alle Heiden. Wer das nicht begreift, der
gebe zu, dass er kein Christ ist; wer das aber tadelt und missachtet, der
wisse, dass er der größte Feind der Christenheit ist.

Denn wenn ich nicht weiß, was, wie viel und worin ich etwas vermag
und Gott gegenüber tun kann, so wird es mir ebenso ungewiss und
unbekannt bleiben, was, wie viel und worin Gott etwas an mir vermag
und tun kann, da Gott doch wirket alles in allem. Wenn ich aber Gottes
Tun und Macht nicht kenne, so kenne ich Gott selber nicht; kenne ich
Gott nicht, so kann ich Gott nicht verehren, loben, danken und dienen,
weil ich ja nicht weiß, wie viel ich mir und wie viel Gott zuschreiben
muss.

Es ist also nötig, dass wir ganz genau zwischen Gottes Kraft und unserer Kraft, zwischen Gottes Werk und unserem Werk unterscheiden
können, wenn wir ein frommes Leben führen wollen.

Du siehst also: Dies ist das eine Stück des ganzen christlichen Wesens;
an ihm hängt, mit ihm steht und fällt die Erkenntnis des eigenen Ich
und die Erkenntnis und die Ehre Gottes…«[12]

Auch von röm.-kath. Seite ist klar erkannt worden, welche
Konsequenzen mit der Lehre vom freien oder versklavten
Willen verbunden sind:

»Zur Zeit der Reformation musste die Kirche die Gutheit der Menschennatur – in sich betrachtet – trotz der Erbsünde verteidigen. Wohl
ist der Mensch durch den Verlust der übernatürlichen Erhebung seiner
Ausrichtung auf die unmittelbare persönliche Lebensgemeinschaft mit
dem dreifaltigen Gott beraubt und erreicht auch wegen des Verlustes
der außernatürlichen Gaben die Vervollkommnung seiner natürlichen
Anlagen viel schwerer, als es ursprünglich nach dem Willen Gottes
geschehen sollte. Aber die innere Blüte seiner bloßen Natur als solcher wie auch die grundsätzliche Willensfreiheit des Menschen sind
gewahrt geblieben. Auch die gefallene Menschennatur ist fähig, von
Gottes Gnade die verlorenen Güter der Übernatur wieder zu empfangen. Die rechte Lehre von der Erbsünde ist wesentliche Voraussetzung
für die Lehre von der Rechtfertigung, wie umgekehrt die Erbsünden-

lehre Luthers und der Reformatoren eigentlich nur einen Ausschnitt aus der protestantischen Rechtfertigungslehre darstellt.«[13]

Die röm.-kath. Kirche hat spätestens seit der Reformation unmissverständlich gelehrt, dass der Mensch durch den Sündenfall zwar verwundet oder verletzt worden ist, aber dennoch die Freiheit behalten hat, Gott aus eigenem Antrieb zu suchen. Sie lehrt, dass der Kern des Menschen gut geblieben und er daher in der Lage sei, sich selbst aus der Knechtschaft der Leidenschaften zu befreien, gute Werke zu tun und sich Verdienste vor Gott zu verschaffen.

Interessant ist, dass der Kirchenvater Augustinus (gestorben im Jahr 430) in seiner »Gnadenlehre« (siehe seine Auslegung zu Römer 9) genau das Gegenteil gelehrt hat. Schließlich waren es seine Schriften, die den jungen Augustinermönch Martin Luther (»Bruder Augustinus«) entscheidend geprägt und auf die er sich bei seinen späteren Streitgesprächen mit den katholischen Theologen berufen hat.

Im Gegensatz dazu lehrt die katholische Kirche:

»Aber nur frei kann der Mensch sich zum Guten hinwenden. Und diese Freiheit schätzen unsere Zeitgenossen hoch und erstreben sie leidenschaftlich. Mit Recht. Oft jedoch vertreten sie sie in verkehrter Weise, als Berechtigung, alles zu tun, wenn es nur gefällt, auch das Böse. Die wahre Freiheit aber ist ein erhabenes Kennzeichen des Bildes Gottes im Menschen: Gott wollte nämlich den Menschen ›in der Hand seines Entschlusses lassen‹ (vgl. Sir. 15,14), so dass er seinen Schöpfer aus eigenem Entscheid suche und frei zur vollen und seligen Vollendung in Einheit mit Gott gelange. Die Würde des Menschen verlangt daher, dass er in bewusster und freier Wahl handle, das heißt personal, von innen her bewegt und geführt und nicht unter blindem inneren Drang oder unter bloßem äußeren Zwang. Eine solche Würde erwirbt der Mensch, wenn er sich aus aller Knechtschaft der Leidenschaften befreit und sein Ziel in freier Wahl des Guten verfolgt sowie sich die geeigneten Hilfsmittel wirksam und in angestrengtem Bemühen verschafft. Die Freiheit des Menschen, die durch die Sünde verwundet ist, kann nur mit Hilfe der Gnade Gottes die Hinordnung auf Gott zur vollen Wirksamkeit bringen. Jeder aber muss vor dem Richterstuhl Gottes Rechenschaft geben von seinem eigenen Leben, so wie er selber Gutes oder Böses getan hat (vgl. 2. Kor. 5,10).

Wer behauptet, dass der sündige Mensch durch den Glauben allein gerechtfertigt werde, und darunter versteht, dass nichts anderes als Mitwirkung zur Erlangung der Rechtfertigungsgnade erfordert werde und dass es in keiner Weise notwendig sei, sich durch die eigene Willenstätigkeit zuzurüsten und zu bereiten, der sei ausgeschlossen.

Wer behauptet, der freie Wille des Menschen sei nach der Sünde Adams verloren und ausgelöscht worden, oder es handle sich nur um ein Wort, ja sogar um einen Namen ohne Inhalt, schließlich um ein Machwerk, das vom Satan in die Kirche eingeführt wurde, der sei ausgeschlossen.«

(Konzil zu Trient, 1547)

Auch der »Katechismus der Katholischen Kirche« lehrt:

> »… Der Mensch ermangelt der ursprünglichen Heiligkeit und Gerechtigkeit, aber die menschliche Natur ist nicht durch und durch verdorben, wohl aber in ihren natürlichen Kräften verletzt.«[14]

Da die röm.-kath. Kirche lehrt, dass durch die Taufe die »Erbsünde« des Menschen getilgt wird, hat sie keinen Blick dafür, dass die alte Natur des Menschen böse ist und bleibt und von daher niemals »gute Werke« im Sinne der Bibel hervorbringen kann. Wenn daher in der röm.-kath. Kirche von Sünde gesprochen wird, dann sind fast immer Tat-, Wort- oder Gedankensünden gemeint und nicht die Sünde als Macht im Menschen, die nur Sünden hervorbringen kann.

So ist es auch folgerichtig, dass Papst Leo X. folgende Sätze Luthers öffentlich verurteilt hat, denn sie stehen im krassen Gegensatz zur röm.-kath. Lehre:

> »Es heißt Paulus und zugleich Christus mit Füßen treten, wenn man die nach der Taufe … noch zurückbleibende Sünde leugnet.

Der Zunder der Sünde hemmt die Seele, die vom Leib scheidet, am Eintritt in den Himmel, auch wenn keine Tatsünde da ist.«[15]

Zusammenfassung

Die röm.-kath. Kirche lehrt also:

- Trotz des Sündenfalls ist etwas Gutes im Menschen.

- Der Mensch hat einen freien Willen.

- Er kann sich mit eigener Kraft aus »aller Knechtschaft der Leidenschaft« befreien.

- Zur Rechtfertigung des Menschen gehören daher nicht nur der Glaube an Christus, sondern auch Werke des Gläubigen.

Was lehrt die Bibel?

1. Der Mensch ist durch die Sünde nicht »verletzt«, sondern völlig verdorben

»Das Sinnen des menschlichen Herzens ist böse von seiner Jugend an ...« (1. Mose 8,21).

»Da ist keiner, der verständig ist; da ist keiner, der Gott sucht. Alle sind abgewichen, sie sind allesamt untauglich geworden; da ist keiner, der Gutes tut, da ist auch nicht einer« (Röm. 3,11-12).

»Denn Christus ist, als wir noch kraftlos waren, zur bestimmten Zeit für Gottlose gestorben« (Röm. 5,6).

»Denn ich weiß, dass in mir, das ist in meinem Fleisch, nichts Gutes wohnt« (Röm. 7,18).

»Auch euch hat er auferweckt, die ihr tot wart in euren Verge-hungen und Sünden, in denen ihr einst wandeltet gemäß dem Zeitlauf dieser Welt, gemäß dem Fürsten der Macht der Luft, des Geistes, der jetzt in den Söhnen des Ungehorsams wirkt. Unter diesen hatten auch wir einst all unseren Verkehr, in den Begierden unseres Fleisches, indem wir den Willen des Fleisches und der Gedanken taten und von Natur Kinder des Zorns waren« (Eph. 2,1-3).

2. Der Mensch ist nicht frei, sondern Knecht der Sünde

»Gott aber sei Dank, dass ihr Sklaven der Sünde wart, aber von Herzen gehorsam geworden seid dem Bild der Lehre, dem ihr übergeben worden seid« (Röm. 6,17).

»Wahrlich, wahrlich, ich sage euch: Jeder, der die Sünde tut, ist der Sünde Knecht« (Joh. 8,34).

»Weil nun die Kinder Blutes und Fleisches teilhaftig sind, hat auch er in gleicher Weise daran Anteil gehabt, um durch den Tod den zunichte zu machen, der die Macht des Todes hat, das ist den Teufel, und um alle die zu befreien, die durch Todes-furcht das ganze Leben hindurch der Knechtschaft unterwor-fen waren« (Hebr. 2,14-15).

3. Durch die Wiedergeburt wird nicht unsere alte Natur veredelt, sondern wir bekommen eine neue, göttliche Natur: das ewige Leben

»Durch die er uns die größten und kostbaren Verheißungen geschenkt hat, damit ihr durch sie Teilhaber der göttlichen Natur werdet« (2. Petr. 1,4).

»Wahrlich, wahrlich, ich sage euch: Wer mein Wort hört und glaubt dem, der mich gesandt hat, der hat ewiges Leben und kommt nicht in das Gericht, sondern er ist aus dem Tod in das Leben übergegangen« (Joh. 5,24).

»Daher, wenn jemand in Christus ist, so ist er eine neue Schöpfung; das Alte ist vergangen, siehe, Neues ist geworden« (2. Kor. 5,17).

»So viele ihn aber aufnahmen, denen gab er das Recht, Kinder Gottes zu werden, denen, die an seinen Namen glauben; die nicht aus Geblüt, noch aus dem Willen des Fleisches, noch aus dem Willen des Mannes, sondern aus Gott geboren sind« (Joh. 1,12-13).

Die Lehren der röm.-kath. Kirche über die Bedeutung und Wirkung der Sakramente, der Fürbitte der Heiligen usw. basieren auf der Lehre über die menschliche Natur, die nach röm.-kath. Auffassung durch entsprechende Werke und Gnadenmittel umgeformt und zur Kindschaft Gottes erhoben werden kann und das Wohlwollen Gottes verdient.
Daher ist es von größter Wichtigkeit, diese fundamentale Lehre der röm.-kath. Kirche im Licht der Heiligen Schrift zu beurteilen, um die weiteren Lehren über die Kirche und die Sakramente richtig einordnen zu können.

3. Die Kirche –
»Mutter« oder »Braut«?

Die röm.-kath. Lehre über die Kirche ist eng verbunden mit
der Lehre über die Taufe. Zuerst möchte ich jedoch vor allem
das Selbstverständnis der röm.-kath. Kirche beleuchten.
Zunächst ist einmal festzustellen, dass die röm.-kath. Kirche
zu allen Zeiten deutlich gelehrt und verkündigt hat, dass es
nur eine Kirche Jesu Christi gibt.

> »Dass es nur eine heilige katholische und apostolische Kirche gebe,
> zwingt uns der Glaube anzunehmen und festzuhalten.«
>
> (Bulle von Papst Bonifaz VIII., 1302)

> »Diese Kirche, die er sich mit seinem Blute erworben, die er als einzig
> erwählte Braut seit Ewigkeit geliebt, hat Jesus, der Urheber und Voll-
> ender unseres Glaubens, selbst gegründet und eingerichtet. Er gebot,
> dass sie durch seine Apostel und ihre Nachfolger unaufhörlich bis zur
> Vollendung der Weltzeit in aller Welt aus aller Kreatur zusammenge-
> führt, belehrt und geleitet, ein heiliges Volk sei, ein Gott genehmes
> Volk, eifrig in guten Werken.«
>
> (1. Vatikanisches Konzil, 1870)

> »Diese Kirche Christi ist wahrhaft in allen rechtmäßigen Ortsgemein-
> schaften der Gläubigen anwesend, die in der Verbundenheit mit ihren
> Hirten im Neuen Testament auch selbst Kirchen heißen. Sie sind näm-
> lich je an ihrem Ort, im Heiligen Geist und mit großer Zuversicht (vgl.
> 1. Thess. 1,5), das von Gott gerufene neue Volk.«
>
> (2. Vatikanisches Konzil, 1964)

Diese Lehrsätze – hier allerdings aus dem Zusammenhang
genommen – machen deutlich, dass die röm.-kath. Kirche
eine wichtige Wahrheit der Bibel klar erkannt und festgehalten hat, die leider von vielen protestantischen Kirchen und
Freikirchen zumindest in der Praxis geleugnet wird: Es gibt

nur *eine* Kirche, die jeweils an einem Ort ausgedrückt oder repräsentiert wird.

Folgerichtig werden alle Spaltungen und Trennungen von der röm.-kath. Kirche verurteilt, während die übrigen Volks- und Freikirchen zum großen Teil die »bunte Vielfalt« der verschiedenen Gemeinden und Kreise als von Gott gewollt und gewirkt ansehen.
Diese Überzeugung der röm.-kath. Kirche führt dazu, allen Einheitsbestrebungen, die nicht zum Ziel haben, die »getrennten Brüder« wieder zur »Mutter Kirche« zu bringen, ablehnend oder kritisch gegenüberzustehen. Von daher wird die röm.-kath. Kirche niemals offiziell in der »Evangelischen Allianz« mitarbeiten und ist bis heute auch noch kein Mitglied der »Ökumene«.

Der verhängnisvolle Irrtum der röm.-kath. Kirche wird aber deutlich, wenn man fragt, *wer* zu dieser *einen* Kirche gehört. Unmissverständlich kommt die Antwort:

> »Um aber diese Einheit des geheimnisvollen Leibes zu bewirken, setzte Christus der Herr das heilige Bad der Wiedergeburt und der Erneuerung ein. Durch dieses Bad sollten die Menschenkinder, so vielfach voneinander getrennt, vor allem aber durch die Sünde zerfallen, von jedem Makel der Schuld gereinigt, Glieder untereinander werden und, mit dem göttlichen Haupt in Glaube, Hoffnung und Liebe verbunden, durch seinen einen Geist alle belebt, die Geschenke himmlischer Gnaden und Gnadengaben überreich empfangen.«
>
> (1. Vatikanisches Konzil, 1870)

> »Den Gliedern der Kirche aber sind in Wirklichkeit nur jene zuzuzählen, die das Bad der Wiedergeburt empfingen, sich zum wahren Glauben bekennen und sich weder selbst zu ihrem Unsegen vom Zusammenhang des Leibes getrennt haben·noch wegen schwerer Verstöße durch die rechtmäßige kirchliche Obrigkeit davon ausgeschlossen worden sind.«
>
> (Rundschreiben von Papst Pius XII.)

»Der eine Christus ist Mittler und Weg zum Heil, der in seinem Leib, der Kirche, uns gegenwärtig wird; indem er aber selbst mit ausdrücklichen Worten die Notwendigkeit des Glaubens und der Taufe betont hat (vgl. Mark. 16,16; Joh. 3,5), hat er zugleich die Notwendigkeit der Kirche, in die die Menschen durch die Taufe wie durch eine Tür eintreten, bekräftigt.«

(2. Vatikanisches Konzil, 1964)

Mit »Bad der Wiedergeburt« ist also nicht die Bekehrung gemeint, in welcher der Mensch durch Wasser (Wort Gottes) und Geist (Heiliger Geist) wiedergeboren wird (Joh. 3,5), sondern die Taufe.

»Die erste Stelle von allen Sakramenten hat die heilige Taufe, die Pforte des geistlichen Lebens. Denn durch sie werden wir Glieder Christi und eingefügt in den Leib der Kirche.«

(Konzil zu Florenz, 1439)

Weiter lehrt die röm.-kath. Kirche, dass es außerhalb dieser Kirche kein Heil gibt und dass die Zugehörigkeit zu ihr *heilsnotwendig* ist.

»Die heilige römische Kirche, durch das Wort unseres Herrn und Erlösers gegründet, glaubt fest, bekennt und verkündet, dass niemand außerhalb der katholischen Kirche, weder Heide noch Jude noch Ungläubiger oder ein von der Einheit getrennter – des ewigen Lebens teilhaftig wird, vielmehr dem ewigen Feuer verfällt, das dem Teufel und seinen Engeln bereitet ist, wenn er sich nicht vor dem Tod ihr (der Kirche) anschließt.«

(Konzil zu Florenz, 1442)

»So also ist Christi wahre Kirche. Deshalb erklären Wir: Diese allen sichtbare Gesellschaft ist ebenjene Kirche der göttlichen Verheißung und Erbarmungen, die Christus durch so viele Vorzüge und Vorrechte hervorheben und schmücken wollte. Die Kirche ist in ihrer Verfassung so völlig abgegrenzt und bestimmt, dass keine Gesellschaft, die von der Einheit des Glaubens oder von der Gemeinschaft dieses Leibes getrennt ist, irgendwie Teil oder Glied der Kirche genannt werden könnte.«

(1. Vatikanisches Konzil, 1870)

»Darum können jene Menschen nicht gerettet werden, die um die katholische Kirche und ihre von Gott durch Christus gestiftete Heilsnotwendigkeit wissen, in sie aber nicht eintreten oder in ihr nicht ausharren wollen.«

(2. Vatikanisches Konzil, 1964)

Die folgenden Zitate machen deutlich, dass auch das 2. Vatikanische Konzil an dieser Lehre nichts verändert hat, auch wenn man in »brüderlicher Achtung und Liebe« die Hand nach den »getrennten Brüdern« ausstreckt:

»Denen aber, die jetzt in solchen Gemeinschaften geboren sind und mit dem Glauben an Christus erfüllt werden, können keine Vorwürfe wegen der Sünde der Trennung gemacht werden, und die katholische Kirche begegnet ihnen in brüderlicher Achtung und Liebe … sie werden auf Grund des Glaubens in der Taufe gerechtfertigt, Christus einverleibt, und darum gebührt ihnen der Ehrenname des Christen, und mit Recht werden sie von den Kindern der katholischen Kirche als Brüder im Herrn anerkannt.«
»So erweckt der Geist in allen Jüngern Christi Sehnsucht und Tat, dass alle in der von Christus angeordneten Weise in der einen Herde unter dem einen Hirten in Frieden geeint werden mögen. Um dies zu erlangen, betet, hofft und wirkt die Mutter Kirche unaufhörlich, ermahnt sie ihre Söhne zur Läuterung und Erneuerung, damit das Zeichen Christi auf dem Antlitz der Kirche klarer erstrahle.«

(2. Vatikanisches Konzil)

Der »Katechismus der Katholischen Kirche« lehrt:

»[…] Der Geist Christi bedient sich dieser Kirchen und kirchlichen Gemeinschaften als Mittel zum Heil. Ihre Kraft kommt aus der Gnaden- und Weisheitsfülle, die Christus der katholischen Kirche anvertraut hat. Alle diese Güter stammen von Christus, führen zu ihm und drängen von selbst auf die katholische Einheit hin.«[16]

Interessant ist, dass trotz der bekannten Aussage »Außerhalb der Kirche kein Heil« z. B. den Muslimen zugestanden wird, dass sie den »einzigen Gott anbeten« und in den Heilsabsichten Gottes eingeschlossen sind:

> »Die Heilsabsicht umfasst aber auch die, welche den Schöpfer anerkennen, unter ihnen besonders die Muslime, die sich zum Festhalten am Glauben Abrahams bekennen und mit uns den einzigen Gott anbeten, den barmherzigen, der die Menschen am Jüngsten Tag richten wird.«[17]

Es gibt also nur ein Ziel bei allen Sympathie-Bezeugungen: die »getrennten Brüder« zu der einen Kirche (röm.-kath. Kirche) unter den einen Hirten (Papst) zurückzuführen. Für alle, die sich bewusst von der röm.-kath. Kirche getrennt haben oder getrennt halten, gibt es nach ihrer Auffassung kein Heil.

Zusammenfassung

Die röm.-kath. Kirche lehrt also:

- Es gibt auf der Erde nur eine Kirche (und das ist die röm.-kath. Kirche) unter dem einen Hirten (dem Papst).

- Glied dieser Kirche und Erbe des Himmels wird man durch die Taufe, die das »Bad der Wiedergeburt« ist.

- Die Zugehörigkeit zur röm.-kath. Kirche ist heilsnotwendig – trennt man sich bewusst von ihr, verfällt man der Hölle.

- Andererseits wird gelehrt, dass solche, die in anderen Kirchen und Gemeinschaften getauft und mit Glauben erfüllt sind, als »Brüder im Herrn« anerkannt werden und man solchen in Achtung und Liebe begegnen soll.

- Da die katholische Kirche »Allah«, den Gott der Moslems, mit dem Gott der Bibel gleichsetzt, sieht man auch die Moslems in die Heilsabsichten Gottes einbezogen.

Diese fundamentalen Irrlehren führen nach meiner Überzeugung dazu, dass aus dieser röm.-kath. Kirche das endzeitliche Kirchengebilde entsteht, welches die Offenbarung mit »Hure Babylon« bezeichnet. Wahrscheinlich wird sie die »Christenheit« nach der Entrückung der Braut Christi darstellen, und viele Anzeichen sprechen dafür, dass die großen Volkskirchen, aber auch viele Freikirchen in den »Schoß der Mutter Kirche« zurückkehren oder zumindest ihre Anerkennung suchen werden.

Die Entwicklung und die Einheitsbestrebungen der genannten Kirchen sollten aufmerksam verfolgt werden. Wahrscheinlich wird die Ökumene und ein großer Teil der Charismatischen Bewegung am Brückenbau nach Rom mitarbeiten.

Alle diese Erwägungen lassen kaum eine andere Deutung zu, als dass die röm.-kath. Kirche treffend in der Bibel mit »Hure Babylon« beschrieben wird. Für die Reformatoren im 16. Jahrhundert war das sonnenklar, und die Parallelen zur röm.-kath. Kirche in Offb. 17 und 18 sind so deutlich, dass man dem Bibeltext Gewalt antun muss, um »Babylon« anders zu deuten.

Was ist »Babylon«?

Der Name »Babylon« bedeutet »Verwirrung« oder »Pforte Gottes« (nach A. Meister: Bibl. Namenlexikon).
In Offb. 17 wird Babylon vor allem als »Hure« bezeichnet und gewertet, während in Offb. 18 Babylon vor allem als »die große Stadt« beschrieben wird. Als »Hure Babylon« wird vor allem ihre verdorbene Moral gezeigt, während »die große Stadt Babylon« mehr die politische, wirtschaftliche und kulturelle Macht dieser religiösen Organisation deutlich macht.

Jedem, der die Offenbarung aufmerksam liest, wird auffallen, dass die »Hure Babylon« das Gegenstück oder die Perversion der »Braut des Lammes« ist (Offb. 21,10), während »die große Stadt Babylon« das Gegenstück zur »heiligen Stadt Jerusalem« (Offb. 21,10) darstellt.

Die »Hure« in Verbindung mit der »großen Stadt« wird also der »Braut« in Verbindung mit der »heiligen Stadt« als großer und auffallender Gegensatz gegenübergestellt.

Hier einige der markanten Kennzeichen Babylons, die meiner Überzeugung nach eindeutig auf die untreue, endzeitliche Christenheit unter der Führung der röm.-katholischen Kirche hinweisen:

1. Babylon wird »die große Hure« und »Mutter der Huren« (Offb. 17,1+5) genannt. Hurerei ist in der Bibel an vielen Stellen ein Bild der Vermischung mit Heidentum oder der antigöttlichen Welt. Seit der »konstantinischen Wende« im 4. Jahrhundert hat die röm.-kath. Kirche viele Rituale und Praktiken aus dem Heidentum übernommen.

2. Der Name der Hure ist »die große Stadt« (Vers 18). Es gibt wohl keine andere große religiöse Gemeinschaft, deren Name mit dem einer großen Stadt (Rom) zusammenhängt.

3. Sie sitzt auf einem Tier, das sieben Köpfe und zehn Hörner hat (vgl. 17,3 mit 17,9-14), womit nach meiner Überzeugung das antichristliche, endzeitliche, vereinigte Europa gemeint ist. Möglicherweise wird das zukünftige »Römische Reich« stark von der röm.-kath. Kirche beeinflusst. Wie sehr schon heute der Einfluss Roms und des Papstes auf die Politik in Europa zunimmt, wird jeder aufmerksame Zeitgenosse nachprüfen können.

4. Die Hure ist bekleidet und geschmückt mit Purpur, Scharlach, Gold, Edelsteinen, Perlen (vgl. auch 18,11-16) – das erinnert an den ungeheuren materiellen Reichtum des Vatikan.

5. Die Hure ist »trunken vom Blut der Heiligen« (Vers 6+24). Man lese nur die Geschichte der Vorreformation, der Reformation (besonders in Frankreich und England), der Gegenreformation, der Hugenottenverfolgung usw., um einen Eindruck von der furchtbaren Blutschuld der röm.-kath. Kirche zu bekommen.

6. Die Hure sitzt auf sieben Bergen (Vers 9) – Rom ist bekannt als »Stadt der sieben Hügel«.

7. Babylon ist »eine Behausung von Dämonen« und »unreinen Geistern« geworden (18,2-3), meines Erachtens nach ein Hinweis auf die okkulten Lehren und Praktiken der röm.-kath. Kirche (Fegefeuerlehren, Heiligenverehrung, Gebete für Verstorbene, Fatima, Lourdes, Marienerscheinungen, Stigmatisation, Levitation usw.).

8. Als Handelsware Babylons wird u. a. »Räucherwerk, Salbe, Weihrauch … Leiber und Menschenseelen« aufgezählt. Ich denke, dass damit neben den »Sakramentalien« der Handel mit den Reliquien und dem Ablass (besonders in den vergangenen Jahrhunderten) gemeint ist.

9. In Offb. 18,22 wird von den Musikern und Künstlern in Babylon gesprochen. Jeder von uns weiß um die enormen kulturellen Schätze Roms.

Mitten in der Gerichtsverkündigung und Charakterisierung Babylons hören wir den ernsten Aufruf, der sich an die wirklich wiedergeborenen Christen richtet, die sich jetzt noch in »Babylon« befinden:

»Gehet aus ihr hinaus, mein Volk, auf dass ihr nicht ihrer Sünden mitteilhaftig werdet, und auf dass ihr nicht empfanget von ihren Plagen …« (18,4).

Was lehrt die Bibel?

1. Was bedeutet »Kirche«?

Im »Katechismus der Katholischen Kirche« findet man eine
– wie ich meine – erstaunlich treffende Definition dieses Be-
griffes:

> »Das Wort ›Kirche‹ kommt (wie das englische Wort ›church‹) vom
> griechischen Beiwort ›kyriake‹, das heißt ›die dem Herrn Gehörende‹.
> Die biblische Bezeichnung für sie lautet ›ekklesia‹ (vom griechischen
> Zeitwort ›ek-kalein‹, ›herausrufen‹; davon kommt das französische
> ›église‹) und bedeutet ›Volksversammlung‹, meist religiösen Charak-
> ters. Dieser Ausdruck wird in der griechischen Übersetzung des Al-
> ten Testamentes des Öfteren für die Versammlung des auserwählten
> Volkes vor Gott verwendet, vor allem für die Versammlung am Sinai,
> wo Israel das Gesetz erhielt und von Gott zu seinem heiligen Volk
> gemacht wurde.«[18]

Sie ist also die »ekklesia« (»Herausgerufene«) Gottes, die aus
allen durch den Heiligen Geist wiedergeborenen Gläubigen
von Pfingsten bis zur Entrückung besteht (Eph. 1,22). Die
Kirche wird auch als »Leib Christi«, »Braut des Lammes«,
»Haus Gottes«, »Tempel Gottes« und in zahlreichen anderen
Bildern beschrieben.

Im Bild der Braut (Offb. 21,9) und des Tempels (Eph. 2,20-
22) wird sie als die Menge der Gläubigen der jetzigen Heils-
zeit geschildert. Im Bild des Leibes wird die Kirche als die
Summe aller jetzt lebenden Gläubigen auf der ganzen Erde
gesehen (1. Kor. 10,17;12,12), dessen Haupt (der Herr Jesus)
im Himmel ist.

Der Begriff Kirche (oder Gemeinde, Versammlung) wird aber
auch für die Menge der Gläubigen an einem Ort (einer Stadt)
gebraucht (vgl. 1. Kor. 1,2; Offb. 1,4).

Die Kirche nach dem NT ist also:

- die Gesamtzahl aller Gläubigen von Pfingsten bis zur Entrückung,

- die Gesamtzahl aller jetzt lebenden Gläubigen auf der ganzen Erde,

- die Gesamtzahl aller Gläubigen an einem Ort.

Wer gehört zur Kirche?

Jeder, der an Jesus Christus als seinen Herrn und Heiland glaubt und durch den Heiligen Geist wiedergeboren (Joh. 3,5) und »versiegelt« (Eph. 1,13) worden ist, gehört zur Kirche Gottes. An keiner einzigen Stelle lehrt das NT, dass man durch die Taufe Glied der Kirche Gottes wird.

Im »Apostolischen Glaubensbekenntnis« wird bekannt: »Ich glaube ... an die heilige katholische Kirche, die Gemeinschaft der Heiligen ...«

Wenn man unter »katholisch« »allgemein« oder »umfassend« versteht und die »Gemeinschaft der Heiligen« im Sinne des NT als Gemeinschaft der durch den Glauben an Jesus Christus begnadigten, gerechtfertigten und geheiligten Sünder sieht, dann ist diese Passage im Glaubensbekenntnis durchaus zutreffend und biblisch.

Wo wird diese Kirche sichtbar?

Durch die Trennungen und Spaltungen ist von der bestehenden Einheit der Kirche wenig oder nichts zu sehen. Repräsentiert wird die Kirche an einem Ort meiner Überzeugung nach durch die Gläubigen, die zum oder im »Namen des Herrn« versammelt sind (Matth. 18,20), und nicht durch ein Sonderbekenntnis oder eine Sonderlehre nur einen Teil der Gemeinde am Ort darstellen bzw. durch eine unbiblische Weite oder unbiblische Enge von der göttlichen Norm abweichen.

4. Die »Sakramente« – Symbole oder »Gnadenmittel«?

Sakramente (lat. sacramentum = »heilige Sache«) sind nach röm.-kath. Auffassung »heilige Handlungen und Worte«, die göttliche Gnade vermitteln. Es handelt sich dabei nach röm.-kath. Lehre nicht um Symbole oder Zeichen, sondern um erlösungsbringende Gnadenmittel, die zum Heil notwendig sind:

»Das Leben eines Katholiken ist übernatürliches Glaubensleben, genährt von der Gnade Gottes. Diese erhalten wir normalerweise durch Gebet und Sakramente. Sakramente sind von Gott eingesetzte, äußere Zeichen, die dem Empfänger, entsprechend seiner seelischen Disposition, das übernatürliche Gnadenleben begründen und vermehren.«[19]

»Wer sagt, die Sakramente des Neuen Bundes seien nicht alle von Christus Jesus, unserem Herrn, eingesetzt, oder es seien mehr oder weniger als sieben, nämlich: Taufe, Firmung, Eucharistie, Buße, Letzte Ölung, Weihe und Ehe, oder eines von diesen sieben sei nicht eigentlich und wirklich Sakrament, der sei ausgeschlossen.

Wer sagt, die Sakramente des Neuen Bundes seien nicht zum Heil notwendig, sondern überflüssig, und die Menschen könnten ohne sie oder ohne das Verlangen nach ihnen durch den Glauben allein von Gott die Gnade der Rechtfertigung erlangen – freilich sind nicht alle für jeden Einzelnen notwendig – der sei ausgeschlossen.«

(Konzil zu Trient, 1547)

»Aus dieser Heilsbedeutung der Sakramente ergibt sich, dass die Sakramente für die Gläubigen zum Heil notwendig sind. Sie sind weder überflüssig noch eine feierliche Verzierung oder ein bloßes Bekenntnis zur brüderlichen Zusammengehörigkeit. Zu einem bewussten und entschiedenen Christsein gehört der regelmäßige Empfang der Buße und der Eucharistie, verbunden mit der Bemühung um einen personalen Mitvollzug aus dem Glauben heraus. Die sakramentale Praxis ist zwar

nicht das einzige, aber doch ein wesentliches Kriterium für ein ernst-
haftes christliches Leben.«

(Kath. Erwachsenen-Katechismus, 1985)

Begründet wird das Spenden der Sakramente mit 1. Kor. 4,1.

»Die heilige Mutter Kirche weiß um diese ihre Vollmacht in der Verwaltung der Sakramente.«

(Konzil zu Trient, 1562)

Sieben Sakramente sind von der röm.-kath. Kirche bestimmt
worden:

1. *Taufe* – »Sakrament der Wiedergeburt«

2. *Firmung* – »Sakrament der Versiegelung, der Reife und
   Mannbarkeit«

3. *Eucharistie* – »Sakrament der Vereinigung mit Christus«

4. *Buße* – »Sakrament zur Vergebung der Sünden«

5. *Krankensalbung* – »Sakrament zur Aufrichtung und Stärkung der Seele«

6. *Weihe* – »Sakrament zur Weiterführung des Priester- und
   Mittleramtes Christi«

7. *Ehe* – »Sakrament zur Mehrung des Gottesvolkes«

Die ersten fünf Sakramente sind zur eigenen geistlichen Vervollkommnung eines jeden Menschen bestimmt, die letzten
beiden zur Leitung und Mehrung der Kirche.

Drei Sakramente – Taufe, Firmung und Weihe – prägen laut
röm.-kath. Lehre der Seele ein »unzerstörbares Zeichen oder
Merkmal ein, das sie von den übrigen unterscheidet«. Des-

halb werden sie an denselben Personen nicht wiederholt. Es wird gelehrt, dass alle sieben Sakramente von Christus selbst eingesetzt worden seien.

Zusammenfassung

Die röm.-kath. Kirche lehrt also:

- Die Sakramente sind von Christus selbst eingesetzt worden.

- Sie sollen von der Kirche verwaltet werden.

- Sie sind zum Heil notwendig.

- Sie sind Träger der Gnade, die sie vermitteln.

- Sie können nicht alle von jedem Christen, sondern im Normalfall nur von geweihten Priestern bzw. Bischöfen gespendet werden.

Die Haltung der Reformatoren

Die Reformatoren haben von den sieben Sakramenten nur zwei, und zwar Taufe und Abendmahl, gelten lassen (Luther hat zusätzlich noch an der »Buße« als Sakrament festgehalten). Über die Bedeutung der Sakramente als Symbole oder Gnadenmittel gingen die Ansichten der Reformatoren auseinander; wegen der Bedeutung des Abendmahles kam es tragischerweise sogar zum bekannten Streit zwischen Luther und Zwingli. Bis heute gibt es unter den Protestanten und Evangelikalen keine einheitliche Auffassung über die Bedeutung von Taufe und Abendmahl.

Was lehrt die Bibel über »Sakramente«?

Im NT gibt es vom Herrn Jesus selbst angeordnete symbolhafte Handlungen, darunter die Taufe und das Abendmahl. Wir finden keinen Befehl zu Firmung, Priesterweihe und Letzter Ölung, ebenso wenig wird von der Ehe und Buße als einem »Gnadenmittel« im röm.-kath. Sinn geredet. Nirgendwo wird diesen symbolhaften Handlungen Heilsvermittlung zugesprochen, so dass wir die Lehren der röm.-kath. Kirche über die sieben Sakramente als unbiblische Lehren verurteilen müssen.

Bei den Ausführungen zu den einzelnen Sakramenten möchte ich versuchen, eine biblische Beurteilung zu geben.

Werden im NT »Gnadenmittel« erwähnt?

Im NT ist nur von einem »Mittler der Gnade« die Rede, und das ist unser Herr Jesus Christus.

»Denn Gott ist einer, und einer Mittler zwischen Gott und Menschen, der Mensch Christus Jesus, der sich selbst gab zum Lösegeld für alle« (1. Tim. 2,5-6; vgl. auch Hebr. 4,16; Röm. 3,25; 6,23).

Wenn aus dem Abendmahl etwas anderes als ein Gedächtnis- oder Gemeinschaftsmahl gemacht wird, in dem Brot und Wein an das Opfer, die Leiden, das Sterben und die Wiederkunft unseres Herrn erinnern, dann nähert man sich dem Mystizismus.

Wenn aus der Taufe statt ein öffentliches Bekenntnis, welches unser altes Leben verurteilt und unsere Haltung zur Welt und zu Christus deutlich macht, das Mittel zur Wiedergeburt gemacht wird, dann weichen wir von der Bibel ab und stehen in Gefahr, magische Lehren und Praktiken zu verbreiten.

Vielleicht kann man das Wort Gottes ein »Gnadenmittel« nennen, welches in Verbindung mit dem Heiligen Geist Licht und Leben vermittelt:

*»Denn das Wort Gottes ist lebendig und wirksam und schär-
fer als jedes zweischneidige Schwert, und durchdringend bis
zur Scheidung von Seele und Geist ...«* (Hebr. 4,12).

*»Die ihr nicht wiedergeboren seid aus verweslichem Samen,
sondern aus unverweslichem, durch das lebendige und blei-
bende Wort Gottes«* (1. Petr. 1,23).

*»Die Worte, die ich zu euch geredet habe, sind Geist und sind
Leben«* (Joh. 6,63).

**Allein der Glaube an Christus wirkt Erlösung und Recht-
fertigung; nirgends lesen wir, dass es Stoffe und Mate-
rialien als Träger der Gnade gibt oder dass Gnade und
geistliche Gaben durch Menschen, Riten oder Zeremoni-
en vermittelt werden.**

5. Die Taufe –
»Sakrament der Wiedergeburt«?

Die Taufe ist nach röm.-kath. Auffassung das Sakrament, das
den Menschen von der Erbsünde und der persönlichen Sünde
befreit und ihn in Christus und die Kirche eingliedert. Sie soll
die »Pforte zu neuem, übernatürlichem Leben« sein.

> »Die erste Stelle von allen Sakramenten hat die heilige Taufe, die Pfor-
> te des geistlichen Lebens. Denn durch sie werden wir Glieder Christi
> und eingeführt in den Leib der Kirche. Und da durch den ersten Men-
> schen der Tod über alle gekommen ist, so können wir nach dem Wort
> der Wahrheit (Joh. 3,5) nicht eingehen in das Himmelreich, wenn wir
> nicht wiedergeboren werden aus dem Wasser und dem Geist.«
>
> (Konzil zu Florenz, 1439)

> »Die Kirche kennt kein anderes Mittel als die Taufe, um den Eintritt in
> die ewige Seligkeit sicherzustellen.«[20]

> »Die Taufe reinigt nicht nur von allen Sünden, sondern macht den
> Neugetauften zugleich zu einer ›neuen Schöpfung‹ (2. Kor. 5,17),
> zu einem Adoptivsohn Gottes, er hat ›an der göttlichen Natur Anteil‹
> (2. Petr. 1,4), ist Glied Christi, ›Miterbe‹ mit ihm (Röm 8,17) und ein
> Tempel des Heiligen Geistes.«[21]

Spender dieses Sakraments ist der Priester, im Notfall kann
aber auch ein »Laie«, ja sogar ein Heide oder Irrgläubiger
taufen, »wenn er nur die Form der Kirche einhält und das tun
will, was die Kirche tut«.

> »Ordentliche Spender der Taufe sind der Bischof und der Priester und,
> in der lateinischen Kirche, auch der Diakon. Im Notfall kann jeder
> Mensch, sogar ein ungetaufter, die Taufe spenden, falls er die notwen-
> dige Absicht hat: Er muss das tun wollen, was die Kirche bei der Taufe
> tut, und die trinitarische Taufformel verwenden. Die Kirche sieht den

Grund für diese Möglichkeit im allumfassenden Heilswillen Gottes und in der Heilsnotwendigkeit der Taufe.«[22]

Die Wirkung:

»Die Wirkung dieses Sakraments ist die Vergebung jeder Schuld, der Erbschuld und der persönlichen Schuld, sowie jeder Strafe, die diese Schuld nach sich zieht. Deshalb darf man den Getauften für die vergangenen Sünden keine Genugtuung auferlegen, sondern sie kommen sogleich ins Himmelreich und zur Anschauung Gottes, wenn sie sterben, bevor sie eine Schuld begehen.«

(Konzil zu Florenz, 1439)

»Das Zeichen der Taufe besteht im Abwaschen mit Wasser und im Aussprechen des Namens des dreifaltigen Gottes über dem Täufling: ›Ich taufe dich im Namen des Vaters und des Sohnes und des Heiligen Geistes.‹

Das Wasser ist Symbol der Reinigung sowie Symbol des Lebens. Es bringt die doppelte Frucht der Taufe zum Ausdruck: Reinigung von der Sünde und Geschenk des neuen Lebens. Die Taufe wäscht und reinigt uns von der Sünde (vgl. 1. Kor. 6,11; Apg. 22,16). Sie löst uns aus der verhängnisvollen Schicksalsgemeinschaft aller Menschen unter der Macht der Sünde und befreit uns von der Erbsünde wie von allen bisher begangenen persönlichen Sünden. Positiv ausgedrückt ist die Taufe Wiedergeburt zum neuen Leben (vgl. Joh. 3,3+5; Tit. 3,5; 1. Petr. 1,3+23). Sie schenkt Rechtfertigung und Heiligung (vgl. 1. Kor. 6,11), sie gibt uns die Gabe des Heiligen Geistes (vgl. Apg. 2,38; 1. Kor. 12,13) und das Geschenk der heilig machenden Gnade. Sie macht uns zu Kindern Gottes und damit auch zu Erben Gottes und Miterben Christi (vgl. Röm. 8,17).

Das neue Leben wirkt sich aus in Glaube, Hoffnung und Liebe, die uns durch die Taufe ebenfalls eingegossen werden. Weil die Taufe das Licht des Glaubens schenkt, kann sie in der Heiligen Schrift auch als Erleuchtung bezeichnet werden (vgl. Hebr. 6,4; 10,32). Deshalb wird bei der feierlichen Taufe dem Täufling die Taufkerze überreicht: ›Empfange das Licht Christi.‹«[23]

Dieses magische Taufverständnis führt konsequenterweise zu den Praktiken der Nottaufe, die um jeden Preis und von jedem Menschen durchgeführt werden soll, damit ein lebensgefährdetes Kind durch diese Besprengung im Falle eines plötzlichen Todes sofort ins »Himmelreich« kommt. Die Taufe wird als »notwendig zum Heil« angesehen.

Zusammenfassung

Die röm.-kath. Kirche lehrt also:

- Die Taufe befreit von der Erbsünde,

- ist zum Heil notwendig,

- bewirkt Nachlass der persönlichen Sünden,

- prägt ein »unauslöschliches Merkmal« ein,

- gliedert in Christus ein,

- macht den Täufling zum Glied der Kirche,

- wirkt die Wiedergeburt.

Als Schlüsselvers für diese Auffassung zitiert man Joh. 3,5:

»Wahrlich, wahrlich, ich sage dir: Es sei denn, dass jemand aus Wasser und Geist geboren werde, so kann er nicht in das Reich Gottes eingehen.«

Obwohl Jesus in diesem Gespräch mit Nikodemus mit keinem Wort über die Taufe spricht, sondern sehr deutlich und mehrfach betont, das allein der Glaube an ihn ewiges Leben vermittelt (»Denn so sehr hat Gott die Welt geliebt, dass er seinen eingeborenen Sohn gab, damit jeder, der an ihn glaubt, nicht verloren gehe, sondern ewiges Leben habe« (Vers 16), legt die röm.-kath. Kirche die Formulierung »aus Wasser und Geist geboren« (Vers 5) so aus, als ginge es hier um die Wassertaufe. Das ist eine willkürliche und im Widerspruch zu vielen anderen wichtigen Bibelstellen stehende Auslegung dieses Verses, die allerdings auch von den meisten lutherischen Theologen gemacht wird.

> »Wer sagt, in der römischen Kirche, die aller Kirchen Mutter und Lehrmeisterin ist, sei nicht die wahre Lehre vom Sakrament der Taufe, der sei ausgeschlossen.«
> »Wer sagt, die Taufe stehe frei, d.h. sei nicht notwendig zum Heil, der sei ausgeschlossen.«
>
> (Konzil zu Trient, 1547)

Die Taufpraxis

Bis zum neuen Ritus vom 15.5.1969 gab es eine große Anzahl von Zeremonien, die mit der Taufe verbunden waren: Bezeichnung der Stirn des Täuflings mit dem Kreuzzeichen, Handauflegung, Exsufflation, Darreichung des Salzes, eine Reihe von Exorzismen, Abschwörungsformeln, Taufgelöbnis, Salbung mit Chrisam, Überreichung des Taufkleides und der Taufkerze.

Der neue Tauf-Ritus lässt Handauflegung, Exsufflation und Darreichung des Salzes weg und schreibt nur noch eine Salbung mit Chrisam nach der Taufe vor. Die Taufe selbst kann durch Begießen, Besprengen oder Untertauchen vollzogen werden. Allgemein üblich ist die Besprengungstaufe.

Besondere Wichtigkeit wird der »Weihe« des Taufwassers zugeschrieben:

> »Durch ein Gebet der Epiklese wird in der Tauffeier selbst oder in der Osternacht das Taufwasser geweiht. Die Kirche bittet Gott, dass durch

seinen Sohn die Kraft des Heiligen Geistes in dieses Wasser hinabstei-
ge, damit alle, die darin die Taufe empfangen, ›aus Wasser und Geist
geboren‹ werden (Joh. 3,5).«[24]

Was lehrt die Bibel?

1. Wer soll getauft werden?

Jeder, der zuvor Buße getan hat, dem Wort Gottes vertraute
bzw. es aufnahm und an den Herrn Jesus gläubig wurde.

*»Petrus aber sprach zu ihnen: Tut Buße, und ein jeder von
euch werde getauft auf den Namen Jesu Christi zur Vergebung der Sünden«* (Apg. 2,38).

*»Wer da glaubt und getauft wird, wird errettet werden; wer
aber nicht glaubt, wird verdammt werden«* (Mark. 16,16).

»Die nun sein Wort aufnahmen, wurden getauft« (Apg.
2,41).

Wir finden im NT ausschließlich Beispiele von mündigen
Menschen, die *nach* ihrer Bekehrung getauft wurden.

Apg. 8,36: Der Kämmerer
Apg. 9,18: Paulus
Apg. 16,14: Lydia »und ihr Haus«
Apg. 16,33: Der Kerkermeister mit den »Seinigen«
Apg. 2,41: Die Glaubenden in Jerusalem
Apg. 8,12: Die Gläubigen in Samaria
Apg. 10,47: Die Gläubigen in Cäsarea
Apg. 18,8 : Die Gläubigen in Korinth
Apg. 19,6 : Die Jünger in Ephesus

Wir finden kein Beispiel im NT, wo ausdrücklich ein Säugling
oder Kleinkind getauft wurde, und auch keines, wo nichtglau-
bende Erwachsene getauft wurden. Taufpaten werden wir

auch vergeblich in der Bibel suchen, sie sind eine Erfindung späterer Jahrhunderte.

Jeder, der aufrichtig und unvoreingenommen die Bibel liest, wird zu der Überzeugung kommen, dass nur solche getauft wurden, die zuvor bekannt haben, an Jesus Christus zu glauben, also eine Bekehrung bzw. Wiedergeburt erlebt haben.

2. Wer soll taufen?

Der Taufbefehl ist ausdrücklich an die Jünger Jesu gerichtet (Matth. 28,19). Taufen kann also jeder Christ, der als Nachfolger oder Jünger Jesu bekannt ist. Eine Weihe oder Ordination zu diesem Dienst kann man nicht mit der Bibel, sondern nur mit der Tradition begründen. Es ist bedauerlich, dass sich dieser römische Sauerteig auch in evangelikalen Kreisen gehalten hat.

3. Wo soll getauft werden?

Dort, wo genug Wasser ist.

»Aber auch Johannes taufte zu Aenon, nahe bei Salim, weil viel Wasser daselbst war« (Joh. 3,23).

»Als sie aber auf dem Wege fortzogen, kamen sie an ein gewisses Wasser. Und der Kämmerer spricht: Siehe, da ist Wasser; was hindert mich, getauft zu werden?« (Apg. 8,36).

Es gibt keine Vorschrift für »geweihtes Taufwasser« oder besondere Taufbecken. Da die Taufe eine an die Öffentlichkeit gerichtete Handlung ist, sollte sie möglichst öffentlich durchgeführt werden.

4. Was bedeutet die Taufe?

Die Taufe ist eine öffentliche Handlung, mit welcher der Täufling bekennt, mit Christus gestorben, begraben und auferstanden zu sein. Eigentlich symbolisiert die Taufe nicht Leben, sondern Gericht, Tod und Begräbnis!

»Oder wisset ihr nicht, dass wir, so viele wir auf Christum Jesum getauft worden, auf seinen Tod getauft worden sind? So sind wir nun mit ihm begraben worden durch die Taufe auf den Tod, auf dass, gleichwie Christus aus den Toten auferweckt worden ist durch die Herrlichkeit des Vaters, also auch wir in Neuheit des Lebens wandeln« (Röm. 6,3-4).

»Mit ihm begraben in der Taufe ....« (Kol. 2,12).

Die Taufe bewirkt keine grundlegende Veränderung *in* dem Täufling, stellt ihn aber äußerlich und öffentlich auf die Seite des gekreuzigten und verworfenen Christus.

So kann man die Taufe mit einem Treueeid vergleichen, mit dem man die Nachfolge Jesu bewusst antritt.

Die Wiedergeburt geschieht nur durch das Wort Gottes in Verbindung mit dem Geist Gottes (1. Petr. 1,23). Aus Joh. 3,5 in Verbindung mit Eph. 5,26 wird deutlich, dass »Wasser« nicht von der Taufe, sondern von der reinigenden Kraft des Wortes Gottes redet. Die »Waschung der Wiedergeburt« (Titus 3,5) kann niemals die Taufe bedeuten, sondern macht die Reinigung von Schuld und Sünde bei der Wiedergeburt deutlich.

Wäre die Taufe das »Bad der Wiedergeburt«,

- dann würden wir keine Gläubigen des AT in der Ewigkeit bei Christus antreffen, denn sie wurden nicht getauft,

- dann hätte der Herr nicht zu dem ungetauften Schächer sagen können: »Heute wirst du mit mir im Paradiese sein« (Luk. 23,43),

- dann würden Petrus und die übrigen Apostel (außer Pau-

lus) keinen Platz im Reiche Gottes haben (Joh. 3,3), weil
sie mit großer Wahrscheinlichkeit nicht mit der christlichen Taufe getauft worden sind; jedenfalls lesen wir an
keiner Stelle davon,

- dann hätte Paulus niemals sagen können: »Denn Christus
  hat mich nicht ausgesandt zu taufen, sondern das Evangelium zu verkündigen« (1. Kor. 1,17),

- dann hätte Petrus nicht sagen können: »Könnte wohl
  jemand das Wasser verwehren, dass diese nicht getauft
  würden, die den Heiligen Geist empfangen haben, gleichwie auch wir?« (Apg. 10,47).

C.H. Spurgeon hat völlig Recht, wenn er sagt:

**»Von allen Lügen, welche Millionen zur Hölle geschleppt
haben, betrachte ich diese als eine der schlimmsten, dass
es Menschen gibt, welche darauf schwören, dass die Taufe die Seele rettet.«**
**»Ich kenne gegenwärtig keinen Irrtum, der zur Ver-
dammnis von mehr Seelen führt als dieser: Es gibt Tau-
sende von Menschen, welche glauben, dass sie in den
Himmel gehen werden, weil sie als kleine Kinder be-
sprengt und anschließend konfirmiert worden sind und
dann das Abendmahl empfangen haben. Die Wirksamkeit
der Sakramente und die Taufwiedergeburt – alles ent-
springt aus dem ersten Irrtum der Säuglingstaufe.«** [25]

6. Die Firmung –
»Sakrament der Versiegelung, der Reife und der Mannbarkeit«?

Nach röm.-kath. Auffassung vollendet die Firmung das Taufsakrament. Wurde die Taufe als »Wiedergeburt« bezeichnet, so schreibt man der Firmung eine festigende, kräftigende Wirkung zu.

»Die Firmung ist ein Sakrament der Kirche, durch das einem getauften Menschen die heiligmachende Gnade vermehrt und Kraft zum mutigen Bekennen des christlichen Glaubens gegeben wird. Der Katechismus lehrt, dass wir durch die Firmung in unserem Christsein ›stark und vollendet‹ werden; wir werden zu ›Soldaten Jesu Christi‹, die ihm ernst und treu dienen und tapfer den Kampf gegen seine und unsere Feinde bestehen wollen. Normalerweise wird sie vom Bischof gespendet, indem er mit Chrisma ein Kreuz auf die Stirne des Firmlings zeichnet und dabei die vorgeschriebene Formel spricht.

Dieses Sakrament gibt uns nicht nur besondere Gnaden, die uns helfen, ein Leben nach dem Glauben zu führen, sondern prägt, wie die Taufe und die Priesterweihe, der Seele ein unauslöschliches Zeichen, den sog. Charakter, ein. Dieses unauslöschliche geistige Siegel bleibt für immer, und deshalb kann man dieses Sakrament auch nur einmal empfangen.«

»Das zweite Sakrament ist die Firmung. Die Materie ist das Salböl (Chrisma), hergestellt aus Öl, das die Reinheit des Gewissens darstellt, und aus Balsam, der den Duft des guten Namens bezeichnet. Es ist vom Bischof geweiht. Die Form ist: Ich zeichne dich mit dem Zeichen des Kreuzes und stärke dich mit dem Salböl des Heils im Namen des Vaters und des Sohnes und des Heiligen Geistes.

Der ordentliche Spender ist der Bischof. Während die übrigen Salbungen auch der einfache Priester vornehmen kann, darf diese niemand spenden als nur der Bischof allein. Denn von den Aposteln allein, an deren Stelle die Bischöfe stehen, lesen wir, dass sie durch die Auflegung der Hände den Heiligen Geist mitteilten. Das ergibt sich aus der Apostelgeschichte:

> »Als die Apostel in Jerusalem erfuhren, Samaria habe das Wort Gottes angenommen, sandten sie Petrus und Johannes dorthin. Sie zogen hinab und beteten für sie, dass sie den Heiligen Geist empfingen, denn er war noch auf keinen von ihnen herabgekommen, sie waren nur im Namen des Herrn Jesus getauft worden. Da legten sie ihnen die Hände auf, und sie empfingen den Heiligen Geist« (Apg. 8,14-17). An Stelle dieser Handauflegung steht in der Kirche die Firmung.«

> (Konzil zu Florenz, 1439)

> »Dieses Sakrament wurde von Jesus Christus eingesetzt, denn es ist Lehre unseres heiligen Glaubens, dass jedes der sieben Sakramente seinen Ursprung nicht der Kirche oder den Aposteln, sondern dem Erlöser selber verdankt. Die Evangelien erwähnen zwar nirgends die Einsetzung der Firmung, aber gemäß der Tradition und der einmütigen Auffassung der Kirchenlehrer fand sie statt während der 40 Tage nach der Auferstehung unseres Herrn.
> Wer sagt, diejenigen täten ein Unrecht wider den Heiligen Geist, die dem heiligen Salböl der Firmung eine bestimmte Kraft zuschreiben, der sei ausgeschlossen.«

> (Konzil zu Trient, 1547)

Die Firm-Praxis

In der röm.-kath. Kirche empfangen getaufte Kinder im Allgemeinen im Alter von etwa 12 Jahren die Firmung.

Dieses Sakrament wird mit Berufung auf Apg. 8,14-17 von Bischöfen vollzogen, die dazu einen besonderen Balsam (»Chrisam« oder »Chrisma«) benutzen, der am Gründonnerstag geweiht wird.

Die Zeremonie beginnt damit, dass der Bischof sich vor dem »Hochaltar« die Hände wäscht und nach einem Kreuzzeichen über den Firmlingen betet:

> »Die Bischöfe sind die Nachfolger der Apostel und haben als solche die Fülle des Weihsakramentes erhalten…«[26]

Ein Firmling nach dem anderen wird dann an der Stirn mit einem Kreuzzeichen aus »Chrisam« versehen, wobei die Worte gesprochen werden: »Ich bezeichne dich mit dem Zeichen des Kreuzes und stärke dich mit dem Salböl des Heils im Namen des Vaters, des Sohnes und des Heiligen Geistes.«

> »Der wesentliche Ritus der Firmung besteht darin, dass der Getaufte auf der Stirn mit dem heiligen Chrisam gesalbt wird ... Dabei legt der Spender ihm die Hand auf und sagt im römischen Ritus: ›Sei besiegelt durch die Gabe Gottes, des Heiligen Geistes.‹«[27]

Zusammenfassung

Die Firmung hat also nach röm.-kath. Lehre folgende Wirkung:

- Sie vermittelt den Heiligen Geist,

- vermehrt die heiligmachende Gnade,

- gibt Kraft zum mutigen Bekennen,

- macht zu einem »Soldaten Christi«,

- prägt ein unauslöschliches Siegel ein.

Was lehrt die Bibel?

1. Wird der Heilige Geist durch Personen vermittelt?

Weil diese Auffassung nicht nur von der röm.-kath. Kirche, sondern auch von einigen charismatischen Gruppen und von verschiedenen Sekten (z.B. Neuapostolische Kirche) vertreten wird, scheint es nötig, diese Frage etwas ausführlicher zu behandeln.

Als Begründung für diese Lehre wird ausschließlich die Apostelgeschichte zitiert, vor allem Apg. 8,15-17 und 19,6.

Grundsätzlich ist dazu zu sagen, dass es zu folgenschweren Irrtümern führt, wenn man allein aus der Geschichte der Apostel verbindliche Lehren und Praktiken für die Gemeinde ableitet.

Das hängt damit zusammen, dass sich in der Apostelgeschichte der Übergang zwischen verschiedenen heilsgeschichtlichen »Haushalten« oder »Zeitaltern« befindet. Das Zeitalter des Gesetzes oder Israels wird durch den Beginn des Zeitalters der Gemeinde abgelöst. Dieser Übergang vollzog sich nicht abrupt, sondern fließend. So brauchten z.B. die Christen aus den Juden, selbst die Apostel, lange Zeit, um zu lernen, dass Jerusalem, der Tempel, die Synagogen, die Opfer und das mosaische Gesetz einem vergangenen Zeitalter angehörten.

So kann man die Apostelgeschichte auch mit einem Korridor vergleichen, der sich zwischen zwei Zimmern befindet. Wir sehen dort eine Übergangszeit, in welcher das NT noch nicht vorlag und welche deutlich andere Voraussetzungen aufweist als die danach folgende Zeit.

Wenn wir die Lehre der Bibel über Christus und seine Gemeinde studieren wollen, müssen wir die Briefe der Apostel, besonders die des Apostels Paulus – des »Lehrers der Heiden« – lesen.

Einige Beispiele dafür, dass es sich in der Apostelgeschichte um eine Übergangszeit handelt:

Apg. 2,45
Hier wird uns geschildert, wie die ersten Christen konsequente Güterteilung praktizierten, aber in den Briefen der Apostel findet sich keine einzige Anordnung in dieser Beziehung.

Apg. 5,1-11
Heuchelei wurde damals sofort mit dem leiblichen Tod gerichtet. Wenn Gott heute in derselben Weise handeln würde, gäbe es weder genügend Jünglinge noch Greise, um die Toten zu beerdigen.

Apg. 5,15-16 und 19,11-12
Damals benutzte Gott den Schatten des Petrus oder Kleidungsstücke des Paulus, um Kranke zu heilen. In den Briefen des Paulus dagegen wird deutlich, dass er selbst krank war und kranke Mitarbeiter zurücklassen musste. An keiner Stelle in den Briefen wird angedeutet, dass Krankheiten durch das Auflegen von Kleidungsstücken usw. geheilt werden sollen.

Nun haben wir ja in der Apostelgeschichte Berichte von einigen Personengruppen, die auf verschiedene Weise den Heiligen Geist empfingen. Einigen wurden die Hände aufgelegt, auf andere fiel der Heilige Geist während der Verkündigung des Evangeliums. Die Juden mussten vor dem Empfang des Heiligen Geistes getauft werden, während die Gläubigen aus den Heiden nach dem Empfang des Heiligen Geistes getauft wurden.

Hier eine kurze Übersicht über die verschiedenen Abläufe:

Die Juden am Pfingsttag in Jerusalem (Apg. 2,37-41):

1. Buße

2. Taufe

3. Empfang des Heiligen Geistes

Die Samariter (Apg. 8,14-17):

1. Glaube

2. Taufe

3. Gebet und Handauflegung der Apostel

4. Empfang des Heiligen Geistes

Die Nationen (Heiden) in Cäsarea (Apg. 10,34-48):

1. Glaube

2. Empfang des Heiligen Geistes

3. Taufe

Die zwölf Jünger des Johannes in Ephesus (Apg. 19,1-5):

1. Glaube

2. Taufe des Johannes

3. Taufe auf den Namen des Herrn Jesus

4. Handauflegung des Paulus

5. Empfang des Heiligen Geistes

Welche Schlüsse können wir aus diesen verschiedenen Berichten ziehen?

- Die Taufe und Handauflegung der Apostel war nur bei den Juden und Halbjuden (Samaritern) die Voraussetzung für den Empfang des Heiligen Geistes. Da Handauflegung in der Bibel grundsätzlich als Symbol für die Identifikation (Einsmachung, Anerkennung) praktiziert wird, sollte durch die Handauflegung in diesen Fällen allen unmissverständlich deutlich gemacht werden, dass die Gläubigen aus den Juden und aus den Samaritern ohne Unterschied zum Leib Christi gehören. Das mussten die Apostel als Gesandte Gottes und als Repräsentanten der jüdischen Christen öffentlich durch Handauflegung bezeugen. Für beide Teile war das eine demütigende, aber gesegnete Erfahrung, die jeden weiteren Streit und Dünkel ausschalten sollte.

»Frau, glaube mir, es kommt die Stunde, da ihr weder auf diesem Berge, noch in Jerusalem den Vater anbeten werdet … Es kommt die Stunde und ist jetzt, da die wahrhaftigen Anbeter den Vater in Geist und Wahrheit anbeten werden; denn der Vater sucht solche als seine Anbeter« (Joh. 4,21+23).

- Dass in Apg. 19 nicht Petrus, der Apostel der Beschneidung, sondern Paulus, der Apostel der Nationen, den zwölf Jüngern vor dem Geistempfang die Hände auflegen musste, zeigt, dass der Herr den Christen aus den Juden die apostolische Autorität des Paulus, die von vielen nicht anerkannt wurde, öffentlich bestätigen wollte. Es fällt auch auf, dass der Herr hier in Ephesus außergewöhnliche Wunder durch Paulus wirkte, ähnlich wie durch Petrus in Apg. 5,14-15.

- Wir finden meines Wissens im NT kein einziges Beispiel dafür, dass ein Gläubiger aus den Heiden durch Handauflegung den Heiligen Geist empfangen hat. Ob Cornelius, Lydia und der Kerkermeister in Philippi, ob die Christen in Athen, Korinth oder an anderen Orten – für sie gilt, was Paulus den Ephesern schrieb:

»… nachdem ihr gehört habt das Wort der Wahrheit, das Evangelium eures Heils, in welchem ihr auch, nachdem ihr geglaubt habt, versiegelt worden seid mit dem Heiligen Geiste der Verheißung …« (Eph. 1,13).

Aus alldem wird deutlich, dass seitdem der »Korridor zwischen den zwei Zimmern« durchschritten ist und auch in unserer Zeit heute für den Empfang des Heiligen Geistes keine Handauflegung einer »geistlichen« Autorität nötig ist, sondern allein der Glaube an das Evangelium des Heils.

Dort, wo ein biblisches Evangelium verkündigt wird und die Menschen dieser Botschaft glauben, kommt es zur Wiedergeburt und zum Empfang des Heiligen Geistes.

Nach der Lehre der Bibel gilt also folgende Reihenfolge:

1. Hören des Evangeliums

2. Glaube an das Evangelium

3. Wiedergeburt und Empfang des Heiligen Geistes

4. Taufe

2. Was lehrt die Bibel über »Versiegelung«?

Nach dem NT ist die Versiegelung ein Aspekt oder eine Wirkung und Segnung, die direkt mit dem Empfang des Heiligen Geistes verbunden ist.

Albert v.d. Kammer schreibt dazu:

> »Zweimal schreibt der Apostel Paulus den Ephesern, dass sie versiegelt seien mit dem Heiligen Geiste (Eph. 1,13; 4,30). Zuerst erinnert er sie daran, dass dieses stattfand, nachdem sie geglaubt hatten – nicht erst später. Die Schrift kennt keinen Zeitraum zwischen Glauben und Versiegeln. Sie sagt: »Nachdem ihr geglaubt habt, seid ihr versiegelt worden mit dem Heiligen Geiste der Verheißung.« Als wir an den Herrn Jesus gläubig wurden, empfingen wir die Vergebung unserer Sünden, und zugleich drückte Gott uns das Siegel Seines Eigentums auf. Mit dem Siegel des Heiligen Geistes nimmt Gott Besitz von uns als Seinem Eigentum, und wir werden Seine Wohnung. Das Siegel bezeugt uns, dass wir Sein sind, denn: »Wer Christi Geist nicht hat, der ist nicht sein« (Röm. 8,9).

In großen Schafherden sah ich zuweilen Schafe, die ein Brandsiegel auf dem Rücken trugen. Diese Schafe waren von einem anderen Herrn gekauft worden. Der neue Eigentümer nahm die Schafe nicht sofort aus der Herde heraus. Aber als er den Preis für sie bezahlt hatte, drückte er ihnen das Siegel auf – die Initialen seines Namens – als Zeichen seines unverbrüchlichen Eigentums. Nicht durch das Siegel wurden sie sein Eigentum, sondern durch den bezahlten Kaufpreis. Aber das Siegel besagt, wem jedes einzelne Schaf gehört. Obgleich es mit tausend anderen zusammen auf dem Felde weidet, ist doch in dieser Beziehung eine Verwechslung unmöglich, eben, weil es das Siegel dessen trägt, der es erworben hat.

So ist es auch mit dem Gläubigen. Erkauft durch das Lösegeld des kostbaren Blutes Jesu Christi, ist er jetzt Gottes unverletzbares Eigentum, auf das Gott Sein Eigentumssiegel gedrückt hat. Obgleich wir inmitten der Welt des Unglaubens gehen und stehen, gehören wir ihr doch nicht mehr an, sondern sind eines anderen geworden, »des aus den Toten Auferweckten«, dessen Siegel wir jetzt tragen.

Wir wissen nicht, wie lange Er uns hier unten inmitten dieser ungläubigen Welt lässt, aber wir wissen, dass wir Sein unantastbares Eigentum sind. Sobald ein Beamter einem Gegenstand das Staats- oder Gerichtssiegel aufdrückt, ist dieser Gegenstand für jeden anderen unantastbar. So sind auch wir Sein unverletzbares Eigentum. Die Macht eines Staates mag nicht hinreichen, die Unverletzbarkeit seines Siegels zu schützen; aber Der uns versiegelt hat auf den Tag der Erlösung, hat Macht genug, jeden von uns bis zum Tag der Erlösung zu bewahren.«[28]

3. Was lehrt die Bibel über »Salbung«?

Wahrscheinlich haben die Lehrer der röm.-kath. Kirche die Vorschriften des AT über die Salbung der Priester (3. Mose 8) und des Aussätzigen (3. Mose 14) als Grundlage für ihre Praxis genommen, ohne die tiefe sinnbildliche Bedeutung verstanden oder beachtet zu haben.

Von einer buchstäblichen Salbe, deren Anwendung den Heiligen Geist vermittelt, kann man im NT keine Spur finden.

Wohl werden die Laodicäer aufgefordert, »Augensalbe« zu kaufen, um sehend zu werden, was ein Bild für ihre geistliche Not war.

Im NT finden wir folgende Stellen über die Salbung in Verbindung mit dem Heiligen Geist:

»Der uns aber mit euch befestigt in Christum und uns gesalbt hat, ist Gott, der uns auch versiegelt hat und hat das Unterpfand des Geistes in unsere Herzen gegeben« (2. Kor. 1,21-22).

»Und ihr habt die Salbung von dem Heiligen und wisset alles.«

»Und ihr, die Salbung, die ihr von ihm empfangen habt, bleibt in euch, und ihr bedürfet nicht, dass euch jemand belehre, sondern, wie diese Salbung euch über alles belehrt und wahr ist und keine Lüge ist, und wie sie euch belehrt hat, so werdet ihr in ihm bleiben« (1. Joh. 2,20+27).

Die Salbung zeigt uns also eine andere Wirkung oder Segnung, die wir mit der Gabe des Heiligen Geistes empfangen haben. Sie befähigt uns, die Wahrheit von der Lüge, die Stimme des guten Hirten von der des Verführers zu unterscheiden. Sie gibt uns Einsicht in Gottes Gedanken und ist die Voraussetzung für das Wachstum der geistlichen Erkenntnis. Diese Salbung bewahrt uns – wenn wir in Gemeinschaft mit dem Herrn leben – instinktiv vor Irrlehren und Irrwegen, auch dann, wenn wir aufgrund geringer Bibelkenntnis oder mangelnder Erfahrung die Ablehnung bestimmter Lehren und Lehrer nicht biblisch begründen können.

Die »Firmung« in der röm.-kath. Kirche kann also in keiner Weise durch das NT gestützt werden.

- An keiner einzigen Stelle lesen wir – wie fälschlich behauptet wird –, dass Christus dieses Sakrament selbst eingesetzt habe.

- Nirgendwo werden in den Briefen der Apostel Vorschriften für eine Firmung gegeben. Aus den drei Berichten in der Apostelgeschichte kann man nicht ableiten, dass nur die Apostel (dafür die Bischöfe der röm.-kath. Kirche) die Gabe des Heiligen Geistes vermitteln konnten, weil es noch mehr Berichte in der Apostelgeschichte gibt, wo Menschen den Heiligen Geist ohne Mitwirkung der Apostel empfangen haben.

- Der Apostel Paulus übrigens empfing den Heiligen Geist, nachdem ihm ein »unbedeutender«, nicht »ordinierter« Ananias die Hände aufgelegt hatte.

- Nach dem NT wird die Versiegelung und Salbung ohne Vermittlung durch Menschen jedem gegeben, der dem Evangelium des Heils glaubt.

- Die Praxis der Firmung stellt zwischen Gott und Menschen eine besondere Personenklasse oder Geistlichkeit (vom Papst ordinierte Bischöfe), die sich anmaßen, den Heiligen Geist zu vermitteln. In Wirklichkeit aber bringen sie ahnungslose Menschen in die Abhängigkeit einer unbiblischen Institution.

7. Die Eucharistie –
»Sakrament der Vereinigung mit Christus« oder Gedächtnismahl?

Für die röm.-kath. Kirche ist die Eucharistie »Quelle und Höhepunkt des ganzen christlichen Lebens«. Sie wird als »Inbegriff und Summe unseres Glaubens«[29] bezeichnet.

Die röm.-kath. Lehre von der »heiligen Eucharistie« gliedert sich in verschiedene Teile: »Opfermahl« oder »Opferspeise«, »eucharistisches Opfer«, die »wirkliche Gegenwart Christi in der Gestalt von Brot und Wein«[30] und die »heilige Messe«, die »Kommunion«.

Es gibt wohl kein Dogma der röm.-kath. Kirche, das so oft und so ausführlich dokumentiert wurde wie das der Eucharistie. Die Erklärung dafür:

> »Es darf uns nicht wundern, wenn in den kirchlichen Dokumenten die Lehre von der wirklichen Gegenwart Christi im heiligsten Sakrament am häufigsten wiederkehrt. Es gibt wenige Glaubenswahrheiten, die den Geheimnischarakter so offenkundig an sich tragen und deshalb Angriffen des Irrglaubens und Unglaubens mehr ausgesetzt sind. Die notwendige Kampfstellung der Kirche gegen den Irrglauben soll uns aber nie hindern, die Tatsache der wahren Gegenwart auch im Zusammenhang des gesamten eucharistischen Geheimnisses zu sehen.«[31]

1. Die Lehre von der »Gegenwart Christi im Sakrament der Eucharistie«

Nach dieser Lehre ist Christus nach der Weihe (Konsekration) von Brot und Wein »wahrhaft, wirklich und wesentlich« darin gegenwärtig.

Sowohl im Brot soll der ganze Christus enthalten sein als auch im Wein, so dass der Empfänger der Hostie – bekanntlich wird der Wein in den meisten Fällen allein von dem Priester getrunken, während das Brot (Hostien) an alle verteilt wird – den ganzen Christus empfängt.

> »Zu Beginn lehrt die heilige Kirchenversammlung, und sie bekennt offen und ohne Rückhalt, dass in dem erhabenen Sakrament der heiligen Eucharistie nach der Weihe (Konsekration) von Brot und Wein unser Herr Jesus Christus als wahrer Gott und Mensch wahrhaft, wirklich und wesentlich unter der Gestalt jener sichtbaren Dinge gegenwärtig ist. Denn darin liegt kein Widerspruch, dass eben unser Heiland nach seiner natürlichen Daseinsweise stets zur Rechten des Vaters im Himmel sitzt und dass er trotzdem an vielen Orten sakramental seinem Wesen nach für uns gegenwärtig ist.«
>
> (Konzil zu Trient, 1551)

2. Die Lehre von der »Wesensverwandlung«

Mit der Lehre von der Gegenwart Christi in der Eucharistie ist die Lehre von der Wesensverwandlung (Transsubstantiation) verbunden, die besagt, dass kraft der Segnungsworte des Priesters die Brotsubstanz in den Leib Christi und die Weinsubstanz in das Blut Christi verwandelt werden, so dass von Brot und Wein nur noch die äußere Gestalt bleibt.

> »Da aber Christus, unser Erlöser, von dem, was er unter der Gestalt des Brotes darreichte, aussagte, es sei wirklich sein Leib, so war es stets Überzeugung in der Kirche Gottes, und diese heilige Kirchenversammlung erklärt aufs Neue: *Durch die Weihe von Brot und Wein vollzieht sich die Wandlung der ganzen Brotsubstanz in die Substanz des Leibes Christi, unseres Herrn, und der ganzen Weinsubstanz in die Substanz seines Blutes.*
>
> Wer leugnet, dass im Sakrament der heiligsten Eucharistie wahrhaft, wirklich und wesentlich der Leib und das Blut zugleich mit der Seele und mit der Gottheit unseres Herrn Jesus Christus und folglich der ganze Christus enthalten ist, und behauptet, er sei in ihm nur wie im Zeichen, im Bild oder in der Wirksamkeit, der sei ausgeschlossen.«
>
> (Konzil zu Trient, 1551)

An dieser Auffassung hat sich auch in jüngster Zeit nichts geändert. So schrieb Papst Paul VI. am 3.9.1965 unmissverständlich:

»Damit aber niemand diese Weise der Gegenwart, die über die Naturgesetze hinausgeht und das größte aller Wunder in ihrer Art bewirkt, falsch verstehe, müssen wir mit aufnahmebereitem Geist die Stimme der lehrenden und betenden Kirche hören. Nun sagt uns diese Stimme, Echo der Stimme Christi, dass Christus in diesem Sakrament nicht anders gegenwärtig wird als durch die Verwandlung der ganzen Substanz des Brotes in Seinen Leib und der ganzen Substanz des Weines in Sein Blut, eine ganz wunderbare und einzigartige Verwandlung, die die katholische Kirche passend im engen Sinn Transsubstantiation (Wesensverwandlung) nennt.

Nach der Wesensverwandlung haben die Gestalten des Brotes und Weines ohne Zweifel eine neue Bedeutung und einen neuen Zweck, da sie nicht weiterhin gewöhnliches Brot und gewöhnlicher Trank sind, sondern Zeichen einer heiligen Sache und Zeichen geistlicher Speise; aber sie bekommen deshalb eine neue Bedeutung und einen neuen Zweck, weil sie eine neue ›Wirklichkeit‹ oder Realität enthalten, die wir mit Recht ontologisch nennen; denn unter den vorhin genannten Gestalten ist nicht mehr das verborgen, was vorher war, sondern etwas ganz Neues; und zwar nicht nur aufgrund des Urteils des Glaubens der Kirche, sondern durch die objektive Realität, da nach der Verwandlung der Substanz oder des Wesens des Brotes und Weines in den Leib und das Blut Christi von Brot und Wein nichts bleibt als die Gestalten …«[32]

Auch der aktuelle »Katechismus der Katholischen Kirche« lehrt:

»Durch die Konsekration vollzieht sich die Wandlung (Transsubstantiation) von Brot und Wein in den Leib und das Blut Christi. Unter den konsekrierten Gestalten von Brot und Wein ist Christus selbst als Lebendiger und Verherrlichter wirklich, tatsächlich und substanziell gegenwärtig mit seinem Leib, seinem Blut und seiner göttlichen Natur.«[33]

Die Aufforderung, diesem Sakrament Huldigung und Anbetung zu erweisen, ist eine weitere logische Konsequenz:

>>So bleibt kein Zweifel, dass alle Christgläubigen nach der Weise, wie sie stets in der katholischen Kirche geübt wurde, *diesem heiligsten Sakrament bei der Verehrung die Huldigung der Anbetung* erweisen sollen, die man dem wahren Gott schuldet.<<

(Konzil zu Trient, 1551)

3. Die Lehre vom >>Messopfer<<

Im Gegensatz zu der protestantischen Auffassung, die nur das Opfer Christi am Kreuz anerkennt, betont die röm.-kath. Kirche nachdrücklich, dass es sich bei der Messe um ein wirkliches Sühnopfer handelt, welches das Opfer Christi am Kreuz >>vergegenwärtigt<<. Es bewirkt nach katholischer Auffassung Sühne von Sünden sowohl der lebenden als auch der verstorbenen Gläubigen, die >>noch nicht vollkommen gereinigt sind<<.

>>Weil in diesem göttlichen Opfer, das in der Messe gefeiert wird, derselbe Christus enthalten ist und unblutig geopfert wird, der sich selbst am Kreuzaltar einmal blutig dargebracht hat, so lehrt die heilige Kirchenversammlung: Dieses Opfer ist ein wirkliches Sühneopfer, und es bewirkt, dass wir >Barmherzigkeit erlangen und die Gnade finden zu rechtzeitiger Hilfe< (Hebr. 4,16), wenn wir mit geradem Herzen, mit rechtem Glauben, mit Scheu und Ehrfurcht, zerknirscht und bußfertig vor Gott hintreten. Versöhnt durch die Darbringung dieses Opfers, gibt der Herr die Gnade und die Gabe der Buße, und er vergibt die Vergehen und Sünden, mögen sie noch so schwer sein. Denn es ist ein und dieselbe Opfergabe, und es ist derselbe, der jetzt durch den Dienst der Priester opfert und der sich selbst damals am Kreuz darbrachte, nur die Art der Darbringung ist verschieden.

Die Früchte jenes Opfers, des blutigen nämlich, werden durch dieses unblutige überreich erlangt; so wird durch dieses (unblutige Opfer) jenes (blutige) in keiner Weise verkleinert. Es wird deshalb nicht nur für die Sünden der lebenden Gläubigen, für ihre Strafen, Genugtuungen und andere Nöte nach der Überlieferung der Apostel, sondern auch

für die in Christus Verstorbenen, die noch nicht vollkommen gereinigt
sind, mit Recht dargebracht.

Wer sagt, in der Messe werde Gott nicht ein wirkliches und eigent-
liches Opfer dargebracht oder die Opferhandlung bestehe in nichts
anderem, als dass uns Christus zur Speise gereicht werde, der sei ausgeschlossen.

Wer sagt, das Messopfer sei nur Lob- und Danksagung oder das blo-
ße Gedächtnis des Kreuzesopfers, nicht aber ein Sühneopfer, oder es
bringe nur dem Nutzen, der kommuniziere, und man dürfe es nicht für
Lebende und Verstorbene, für Sünden, Strafen, zur Genugtuung und
für andere Nöte aufopfern, der sei ausgeschlossen.

Wer sagt, durch das Messopfer werde das hochheilige Opfer Christi
am Kreuz gelästert oder herabgesetzt, der sei ausgeschlossen.«

(Konzil zu Trient, 1562)

Diese Dogmen machen deutlich, warum eine »eucharistische
Interkommunion« mit Christen anderer Kirchen und Gemeinschaften nicht möglich ist:

»Die aus der Reformation hervorgegangenen, von der katholischen
Kirche getrennten kirchlichen Gemeinschaften haben vor allem wegen
des Fehlens des Weihsakramentes die ursprüngliche und vollständige
Wirklichkeit des eucharistischen Mysteriums nicht bewahrt. Aus diesem Grund ist für die katholische Kirche die eucharistische Interkommunion mit diesen Gemeinschaften nicht möglich.«[34]

Zusammenfassung

Die röm.-kath. Kirche lehrt also:

- Die heilige Messe ist ein wirkliches Opfer.

- Christus wird darin durch den Priester geopfert.

- Der Priester hat die Vollmacht der Wesensverwandlung.

- Das eucharistische Opfer wird als Sühne für Lebende und Tote dargebracht.

- In der Eucharistie ist Christus gegenwärtig.

- Brot und Wein sind Huldigung und Anbetung zu erweisen.

- Die Eucharistie wirkt Vereinigung mit Christus und nährt die Seele.

- Die Eucharistie wirkt Nachlass lässlicher Sünden.

Die Form der Eucharistie-Feier

Die Eucharistie wird allgemein im Anschluss an den Gottesdienst gehalten. Die eigentliche Feier besteht aus drei Teilen: der Gabenbereitung, dem Hochgebet und der Kommunion.

Die Präfation (Vorrede) besteht aus Wechselreden und Gebeten des Priesters, des Messdieners und der Gemeinde.

In der folgenden Epiklese (Anrufung) bittet die Kirche den Vater, den Heiligen Geist auf Brot und Wein herabzusenden, damit beide durch ihn zu Leib und Blut Jesu Christi werden.

Vor der Konsekration (Wandlung) hält der Priester die Hände waagerecht über Brot und Wein und spricht die Einsetzungsworte. Anschließend hebt er die Hostie und den Kelch über sein Haupt, damit die Gemeinde beides sehen kann. »Durch diese Zeremonie will man dem Volk das heiligste Sakrament zeigen, und darum sollen wir darauf hinblicken. Papst Pius X. gewährte einen besonderen Ablass von sieben Jahren all jenen, mögen sie nun demütig das Haupt neigen oder auf die konsekrierte Hostie schauen, die in Glaube, Ehrfurcht und Liebe sprechen: Mein Herr und mein Gott!«[35]
Im Darbringungsgebet bringt die Gemeinde »durch Jesus Christus im Geist die Opfergabe dem Vater dar«. Dann wer-

den Gebete für Verstorbene und Lebende gesprochen und die Heiligen angerufen.

Nach weiteren Gebeten und Gesängen empfängt zuerst der Priester Brot und Wein (»heiliges Blut«), und schließlich kommuniziert auch die Gemeinde, wozu der Priester jedem Kommunizierenden unter Kreuzzeichen eine Hostie auf die Zunge legt. Mit Gruß, Segnung und Entlassung schließt dann die Eucharistie-Feier.

Was lehrt die Bibel?

1. Wird Christus in der Eucharistie geopfert?

Abgesehen davon, dass weder bei den Einsetzungsworten des Herrn noch in 1. Kor. 10 und 11 irgendeine Andeutung vom Opfergedanken im Zusammenhang mit dem Abendmahl zu finden ist, lehrt die Bibel eindeutig und unmissverständlich, dass im Gegensatz zum Alten Bund, in dem täglich geopfert wurde, durch das ein für alle Mal geschehene Opfer Jesu Christi am Kreuz eine ewige Erlösung stattgefunden hat.

»Christus aber ... mit seinem eigenen Blut, ist ein für alle Mal in das Heiligtum hineingegangen, als er eine ewige Erlösung erfunden hatte« (Hebr. 9,12).

»Jetzt aber ist er (Christus) einmal in der Vollendung der Zeitalter geoffenbart worden zur Abschaffung der Sünde durch sein Opfer« (Hebr. 9,26).

»Also wird auch der Christus, nachdem er einmal geopfert worden ist, um vieler Sünden zu tragen, zum zweiten Male denen, die ihn erwarten, ohne Sünde erscheinen zur Seligkeit« (Hebr. 9,28).

»Durch welchen Willen wir geheiligt sind durch das ein für alle Mal geschehene Opfer des Leibes Jesu Christi« (Hebr. 10,10).

»Er aber, nachdem er ein Schlachtopfer für Sünden darge-bracht, hat sich auf immerdar gesetzt zur Rechten Gottes ...« (Hebr. 10,12).

»Denn durch ein Opfer hat er auf immerdar vollkommen ge-macht, die geheiligt werden« (Hebr. 10,14).

»Denn ein solcher Hoherpriester geziemte uns: heilig, ... der nicht Tag für Tag nötig hat, wie die Hohenpriester, zuerst für die eigenen Sünden Schlachtopfer darzubringen, sodann für die des Volkes, denn dieses hat er ein für alle Mal getan, als er sich selbst geopfert hat« (Hebr. 7,26-27).

»Denn was er gestorben ist, ist er ein für alle Mal der Sünde gestorben; was er aber lebt, lebt er Gott« (Röm. 6,10).

»Denn es hat ja Christus einmal für Sünden gelitten, der Ge-rechte für die Ungerechten, auf dass er uns zu Gott führe« (1. Petr. 3,18).

Aus diesen Bibelstellen wird deutlich, dass die röm.-kath. Lehre vom Messopfer eine schwerwiegende und weitrei-chende Irrlehre ist, die das Erlösungswerk unseres Herrn schmälert und relativiert.

Der Heidelberger Katechismus hat deutlich ausgedrückt, wie diese Irrlehre zu beurteilen ist:

> »Und ist also die Messe im Grunde nichts anderes als eine Verleug-nung des einigen Opfers und Leidens Jesu Christi und eine vermale-deite Abgötterei.«[36]

2. Ist Christus im Abendmahl gegenwärtig?

Als Beleg für diese Lehre von der Gegenwart Christi im Abendmahl werden die Worte Jesu in Joh. 6,53+56 angeführt.

Außerdem zitiert man die Einsetzungsworte Jesu und legt die Betonung auf das Wort »ist«: *»dieses ist mein Leib, ... dieses ist mein Blut«* (Matth. 26,26-28).

Wie sind nun die Worte des Herrn zu verstehen: *»Es sei denn, dass ihr das Fleisch des Sohnes des Menschen esset und sein Blut trinket, so habt ihr kein Leben in euch selbst«* (Joh. 6,53)?

Hätte die röm.-kath. Kirche mit ihrer Auslegung dieses Textes Recht, dann könnte niemand ewiges Leben haben, der nicht an der Eucharistie teilgenommen hat. Ebenso wäre sein weiteres geistliches Leben von der regelmäßigen Einnahme des Abendmahles abhängig. Dieser Gedanke ist völlig absurd und steht im krassen Gegensatz zu vielen eindeutigen Aussagen der Bibel. Einige Verse vorher steht unmissverständlich: *»Denn dies ist der Wille meines Vaters, dass jeder, der den Sohn sieht und an ihn glaubt, ewiges Leben habe«* (Joh. 6,40).

Wenn man das Gesamt-Zeugnis der Bibel und vor allem des NT betrachtet, ist es völlig klar, dass die Worte Jesu von Brot, Fleisch und Blut gleichnishaft zu sehen sind. *»Der Geist ist es, der lebendig macht; das Fleisch nützt nichts«* (Joh. 6,63).

Der Herr hatte die Menschenmenge gespeist und anschließend von dem Manna in der Wüste gesprochen. Anknüpfend an diese Geschichte sprach er dann von sich selbst als dem Brot aus dem Himmel, zu dem man kommen und an das man glauben kann (Vers 33-35), um Leben zu bekommen. Wenn der Herr an anderen Stellen in diesem Evangelium sagt: *»Ich bin das Licht der Welt«* oder *»Ich bin die Tür«*, wird jeder diese Aussage als Bild und Gleichnis deuten. Ebenso sind diese Worte in Joh. 6 zu verstehen. Sein Fleisch essen und Sein Blut trinken bedeutet, Ihn als den für uns am Kreuz Gestorbenen in unser Leben aufzunehmen und uns dann geistlich von Ihm zu nähren. *»Meine Worte sind Geist und sind Leben«* (Joh. 6,63).

Dazu kommt noch, dass Johannes als einziger Evangelist in seinem Evangelium das Abendmahl nicht erwähnt, so dass es keinen biblischen und vernünftigen Grund gibt, die Worte Jesu in Joh. 6 in Verbindung mit dem Abendmahl zu sehen.

3. Werden Brot und Wein beim Abendmahl verwandelt?

Es ist bekannt, dass leider auch Luther an der falschen römischen Lehre festgehalten hat, dass die Worte des Herrn »… dieses *ist* mein Leib …« beinhalten, dass Brot und Wein in den Leib und in das Blut Jesu verwandelt werden; »… darinnen zugesagt, gegeben und zugeeignet wird Christus, alle Heiligen, mit allen ihren Werken, Leiden …«[37]

> »Was ist nun das Sakrament des Altars? Antwort: Es ist der wahre Leib und Blut des Herrn Christi, in und unter dem Brot und Wein durch Christus Wort uns Christus befohlen zu essen und zu trinken.«[38]

Diese Auffassung wurde von Zwingli und Calvin abgelehnt, die in Brot und Wein nur Zeichen oder Symbole sahen. Allerdings lehnte Luther auch ab, dass Brot und Wein nach der Segnung ihr natürliches Wesen verlassen, so dass nur die äußere Gestalt von Brot und Wein bleibt (vgl. »Die Schmalkaldischen Artikel Luthers«, Art. 6).

Die Lehre von der Wesensverwandlung kann man nicht biblisch begründen. Paulus spricht in 1. Kor. 10 und 11 von »Brot brechen« und »Kelch trinken«. Von den ersten Christen lesen wir, dass sie versammelt waren, um »Brot zu brechen« (vgl. Apg. 2,42; 20,7).

Deshalb kann man diese Lehre nur als völlig schriftwidrigen Aberglauben ablehnen, welcher zwar der Eitelkeit der Priester schmeichelt, die sich einbilden, durch ihr gesprochenes Wort bei jeder Messe das Wunder der Wesensverwandlung zu vollziehen, der aber im krassen Widerspruch zum Neuen Testament steht.

Würde sich – abscheulicher Gedanke! – tatsächlich Wein in Blut verwandeln, so hätte der Herr etwas zu tun befohlen, was im AT und NT verboten ist: Blut zu trinken! (vgl. 1. Mose 9,4; 3. Mose 17,10; Apg. 15,28-29)

Brot und Wein sind während der Mahlfeier nicht mehr, aber auch nicht weniger als Symbole des Leibes und Blutes unseres Herrn Jesus und deshalb »würdig« zu nehmen (siehe 1. Kor. 11), jedoch nach dem Abendmahl gewöhnliches Brot und Wein, das zu üblichen Zwecken verwendet werden kann.

Die Aufforderung, dem Brot und Wein Anbetung zu erweisen, ist nichts anderes als Götzendienst und eine Beleidigung Gottes.

Der ehemalige Priester Dr. H.J. Hegger hat Recht, wenn er zum Thema »Eucharistie« schreibt:

> »Hier entfaltet die röm.-kath. Kirche eine Lehre, die darauf hinausläuft, dass sie über Christus und Sein Opfer am Kreuz verfügen kann – so wie sie meint, durch die Firmung über den Heiligen Geist verfügen zu können.«[39]

4. Es ist ein Gedächtnismahl

»Dieses tut zu meinem Gedächtnis« (Luk. 22,19).

Diese letzten Worte des Herrn an seine Jünger, kurz vor der Gefangennahme, die auch von Paulus in 1. Kor. 11,24 zitiert werden, machen den eigentlichen Charakter des Abendmahls deutlich.

Hier ist nicht die Rede von einem »eucharistischen Opfer« oder von »Sündennachlass«, sondern hier wird der schlichte, unmissverständliche Wunsch ausgesprochen, das Abendmahl zu nehmen, um an ihn zu denken. Es geht darum, dass wir als seine Jünger ihn und besonders sein Leiden am Kreuz nicht vergessen, sondern uns immer wieder an sein Opfer erinnern, solange er nicht mehr auf dieser Erde ist, damit unsere Liebe zu ihm warm, die Erwartung seiner Wiederkunft lebendig und unsere Haltung zur Welt durch das Kreuz bestimmt bleibt.

Beim Abendmahl können wir uns völlig vergessen, haben den Herrn in seiner Liebe und Hingabe vor Augen und dürfen anbetend sein Opfer auf Golgatha betrachten. Für jeden Jünger Jesu, der seinen Herrn liebt, wird es ein Vorrecht und eine besondere Freude sein, diesen Wunsch des Herrn zu erfüllen.

5. Es ist ein Gemeinschaftsmahl

»Denn ein Brot, ein Leib sind wir, die Vielen« (1. Kor. 10,17).

Hier wird deutlich, dass wir in dem Brot, das wir brechen, nicht nur den für uns hingegebenen Leib des Herrn sehen, sondern auch den »Leib Christi« (1. Kor. 12,12-13), der uns in den Briefen des Apostels Paulus als Bild aller lebenden Gläubigen auf der Erde vorgestellt wird.

»Ihr aber seid Christi Leib und Glieder im Einzelnen (1. Kor. 12,27).

»Also sind wir, die Vielen, ein Leib in Christo, einzeln aber Glieder voneinander« (Röm. 12,5).

»Denn auch in einem Geiste sind wir alle zu einem Leibe getauft worden« (1. Kor. 12,13).
So sehen wir in diesem Brot also unsere Gemeinschaft mit Christus, dem Haupt des Leibes, und die Gemeinschaft mit allen Erlösten, die zu diesem Leib gehören. Diese Tatsache macht deutlich:

- dass nur solche, die Glieder am Leib Christi sind, am Abendmahl teilnehmen können,
- dass wir als Glieder Christi auch füreinander Verantwortung haben (1. Kor. 10,14-21; 11,24-26),

- dass ungerichtete Sünde unter Gläubigen wie Sauerteig wirkt und deshalb gerichtet werden muss (1. Kor. 5).

6. Es ist ein Verkündigungsmahl

»Denn sooft ihr dieses Brot esset und den Kelch trinket, verkündiget ihr den Tod des Herrn, bis er kommt« (1. Kor. 11,26).

Dadurch, dass wir von dem Brot essen und aus dem Kelch trinken, während wir der Leiden des Herrn gedenken, bezeugen, verkündigen oder proklamieren wir der sichtbaren und unsichtbaren Welt den Tod des Herrn und damit seinen Sieg auf Golgatha mit allen gesegneten Folgen.

Die Worte »bis er kommt« deuten an, dass wir eine pilgernde, auf die Wiederkunft unseres Herrn wartende Gemeinde sind.

8. Die Buße (Beichte) –
»Sakrament zur Vergebung der Sünden«?

Wie wir bereits im Kapitel über die Taufe gesehen haben, lehrt die röm.-kath. Kirche, dass die Taufe die »Erbsünde« beseitigt und dass durch dieselbe alle *vergangenen* Sünden getilgt werden und der Täufling ein Glied der Kirche wird. Daher wird die Taufe auch die »erste Rechtfertigung«[40] genannt.

Das Sakrament der Buße dagegen habe es mit den Sünden *nach* der Taufe zu tun, durch die sich der Gläubige nach röm.-kath. Lehre gegen Gott und die Kirche versündigt.

Nun gibt es nach röm.-kath. Auffassung zwei Arten von Sünde:

a) »Todsünde«
Diese Sünde geschieht, wenn der Mensch *bewusst* und *absichtlich* ein wichtiges Gesetz Gottes übertritt. Damit fällt er aus der Gnade, verliert das ewige Leben und ist zur ewigen Höllenstrafe verurteilt.

> »Die Todsünde ist wie auch die Liebe eine radikale Möglichkeit, die der Mensch in Freiheit wählen kann. Sie zieht den Verlust der göttlichen Tugend der Liebe und der heiligmachenden Gnade, das heißt des Standes der Gnade nach sich. Wenn sie nicht durch Reue und göttliche Vergebung wieder gutgemacht wird, verursacht sie den Ausschluss aus dem Reich Christi und den ewigen Tod in der Hölle, da es in der Macht unseres Willens steht, endgültige und unwiderrufliche Entscheidungen zu treffen.«[41]

b) »Lässliche Sünde«
In diese Sünde fällt jemand, der sich in einer kleinen Sache schuldig macht oder aber *unwissend* und *unfreiwillig* das Gesetz Gottes in einer größeren Sache übertritt. Lässliche Sünden ziehen *zeitliche* Strafen auf der Erde oder im Fegefeuer nach sich.

»Eine lässliche Sünde begeht, wer in einer nicht schwerwiegenden Materie eine Vorschrift des Sittengesetzes verletzt oder das Sittengesetz zwar in einer schwerwiegenden Materie, aber ohne volle Kenntnis oder volle Zustimmung übertritt.«[42]

Da es nach dem Verständnis der röm.-kath. Kirche oft schwierig zu erkennen ist, ob man eine »lässliche Sünde« oder eine »Todsünde« begangen hat, wird der Katholik aufgefordert, möglichst *alle* Sünden dem Priester in der Beichte zu bekennen, weil dieser allein in der Lage ist, die Sünde richtig einzuordnen und zu vergeben.

»Aus der schon erklärten Einsetzung des Bußsakramentes entnahm die gesamte Kirche immer, dass vom Herrn auch das vollständige Bekenntnis der Sünden eingesetzt wurde. Dieses Bekenntnis ist für alle, die nach der Taufe fallen, nach göttlichem Recht notwendig, weil unser Herr Jesus Christus vor seiner Himmelfahrt die Priester als seine eigenen Stellvertreter zurückließ, als Vorsteher und Richter, vor die alle Todsünden gebracht werden müssen, in die die Christgläubigen fallen. Sie sollen kraft der Schlüsselgewalt das Urteil der Vergebung oder des Behaltens der Sünden fällen. Denn ohne Kenntnis des Tatbestands könnten die Richter dieses Urteil nicht fällen noch bei Auferlegung der Strafe das rechte Maß wahren, wenn man seine Sünden nur allgemein statt einzeln und im Besondern darlegt.

Daraus ergibt sich, dass von den Büßenden *alle Todsünden* in der Beichte genannt werden müssen, deren man sich nach sorgfältiger Selbsterforschung bewusst ist, mögen sie noch so im Verborgenen geschehen sein oder sich nur gegen die letzten zwei der zehn Gebote gerichtet haben, verletzen diese doch oft die Seele noch schwerer und sind noch gefährlicher als die Sünden, die ganz offen geschehen.

Die *lässlichen Sünden*, die uns von der Gnade Gottes nicht ausschließen und in die wir häufig fallen, kann man zwar richtig, mit Nutzen und ohne jede anmaßende Überheblichkeit beichten, wie es der Brauch gottesfürchtiger Menschen zeigt, man kann sie aber auch ohne Schuld verschweigen und mit vielen andern Heilmitteln sühnen.«

(Konzil zu Trient, 1551)

Zur Buße gehören nach röm.-kath. Lehre drei Stücke:

1. Die Reue des Herzens –
   damit ist der Schmerz über die begangene Sünde gemeint.

2. Das mündliche Bekenntnis –
   das darin besteht, dass der Sünder alle begangenen Sünden vollständig dem Priester bekennt.

3. Die Genugtuung –
   die nach der Entscheidung des Priesters in Form von Gebeten, Fasten, Almosen usw. geschieht.

Sündenvergebung kann nur durch den geweihten und »rechtmäßig bevollmächtigten« Priester geschehen, der die Juris-
diktion hat. Er wird als Stellvertreter Christi, Vorsteher und
Richter bezeichnet, der allein Sünden vergeben kann.

> »Wer leugnet, dass zur vollständigen Nachlassung der Sünden drei
> Leistungen des Büßenden erfordert sind, die gleichsam die Materie des
> Bußsakramentes ausmachen, nämlich Reue, Bekenntnis und Genug-
> tuung, die man die drei Teile der Buße nennt, oder wer sagt, es gebe
> nur zwei Teile der Buße, nämlich den dem Gewissen angesichts der
> Sünde eingeflößten Schrecken und den Glauben, der aus dem Evan-
> gelium oder aus der Lossprechung geschöpft werde und in dem man
> glaube, dass einem die Sünden durch Christus vergeben seien, der sei
> ausgeschlossen.
> Wer leugnet, dass das sakramentale Bekenntnis nach göttlichem Recht
> eingesetzt oder zum Heil notwendig ist, oder wer sagt, die Art des ge-
> heimen Sündenbekenntnisses vor dem Priester allein, die die Kirche
> von Anfang an stets beobachtet hat und beobachtet, sei der Einsetzung
> und dem Auftrag Christi nicht entsprechend und menschliche Erfin-
> dung, der sei ausgeschlossen.«
>
>   (Konzil zu Trient, 1551)

Die Absolutionsformel lautet:

> »Gott, der barmherzige Vater, hat durch den Tod und die Auferstehung seines Sohnes die Welt mit sich versöhnt und den Heiligen Geist gesandt zur Vergebung der Sünden. Durch den Dienst der Kirche schenke er dir Verzeihung und Frieden. So spreche ich dich los von deinen Sünden im Namen des Vaters und des Sohnes und des Heiligen Geistes.«[43]

Wirkung

Nach der röm.-kath. Lehre wirkt das Bußsakrament die Versöhnung mit Gott (d.h. den Nachlass von Sünden und ewigen Sündenstrafen), wie auch mit der Kirche.

> »Die ganze Wirkung der Buße besteht darin, dass sie uns Gottes Gnade wieder verleiht und uns mit ihm in inniger Freundschaft vereint. Ziel und Wirkung dieses Sakramentes ist somit die Versöhnung mit Gott … Das Sakrament der Versöhnung mit Gott bewirkt eine wirkliche ›geistige Auferstehung‹, eine Wiedereinsetzung in die Würde und in die Güter des Lebens der Kinder Gottes, deren Kostbarstes die Freundschaft mit Gott ist…
>
> Dieses Sakrament versöhnt uns auch mit der Kirche. Die Sünde beeinträchtigt oder bricht die brüderliche Gemeinschaft. Das Bußsakrament erneuert oder stellt sie wieder her…«[44]

Der Ablass

Da der Priester zwar Vollmacht hat, die Sünden und *ewigen* Sündenstrafen zu vergeben, bleiben für den Sünder aber noch *zeitliche* Sündenstrafen abzubüßen. Diese zeitlichen Strafen (in diesem Leben oder im »Fegefeuer«) können nach röm.-kath. Lehre durch Ablass verkürzt werden. Ablässe können den Lebenden wie auch den Verstorbenen zugewendet werden.

Grundlage dafür ist der »Schatz« der Kirche, der einmal aus dem vergossenen Blut Christi und zum anderen aus den Verdiensten Marias und der Heiligen bestehen soll.

»Der Kirchenschatz besteht in dem unendlichen und unerschöpflichen
Wert, den bei Gott die Sühneleistungen und Verdienste Christi, des
Herrn, haben, die dargebracht wurden, damit die gesamte Menschheit
von der Sünde frei werde und zur Gemeinschaft mit dem Vater gelange. Der Kirchenschatz ist Christus, der Erlöser, selbst, insofern in ihm
die Genugtuung und Verdienste seines Erlösungswerkes Bestand und
Geltung haben. Außerdem gehört zu diesem Schatz auch der wahrhaft
unermessliche, unerschöpfliche und stets neue Wert, den vor Gott die
Gebete und guten Werke der seligen Jungfrau Maria und aller Heiligen besitzen. Sie sind den Spuren Christi, des Herrn, mit seiner Gnade
gefolgt, haben sich geheiligt und das vom Vater aufgetragene Werk
vollendet. So haben sie ihr eigenes Heil gewirkt und dadurch auch zum
Heil ihrer Brüder in der Einheit des mystischen Leibes beigetragen.«
                    (Apostolische Konstitution über die Neuordnung
                                        des Ablasswesens, 1967)

Über diesen »Schatz« verfüge die röm.-kath. Kirche, die dann
bei besonderen Anlässen Ablass an Lebende und Verstorbene
verteilen könne.

»Da die verstorbenen Gläubigen, die sich auf dem Läuterungsweg
befinden, ebenfalls Glieder dieser Gemeinschaft der Heiligen sind,
können wir ihnen unter anderem dadurch zu Hilfe kommen, dass wir
für sie Ablässe erlangen. Dadurch werden den Verstorbenen im Purgatorium für ihre Sünden geschuldete zeitliche Strafen erlassen.«[45]
»Diesen Schatz hat er durch den heiligen Petrus, den Schlüsselträger
des Himmels, und durch dessen Nachfolger, seine Stellvertreter auf
Erden, bereitgestellt zu heilsamer Verteilung an die Gläubigen bei
besonderen und sinnvollen Anlässen, bald zu vollständigem, bald zu
teilweisem Erlass der zeitlichen Sündenstrafen, um ihn allgemein oder
in besonderen Fällen, wie es vor Gott gut scheint, wirklich reumütigen
Menschen, die gebeichtet haben, barmherzig zu spenden.«
                    (Jubiläumsbulle von Papst Clemens VI., 1343)

Zusammenfassung

Die röm.-kath. Kirche lehrt also:

* Die Buße ist als Sakrament vom Herrn selbst eingesetzt.

* Sie versöhnt mit Gott.

* Sie ist nur in Verbindung mit einem Priester möglich, und nur durch den Priester kann Vergebung zugesprochen werden.

* Sie ist nur in Verbindung mit »Genugtuung« wirksam.

Was lehrt die Bibel?

1. Unterscheidet die Bibel »Todsünden« und »lässliche Sünden«?

Im AT finden wir den Unterschied von Sünden, die *aus Versehen* (4. Mose 15,27) und solchen, die mit *erhobener Hand* (4. Mose 15,30), d.h. mit vollem Bewusstsein und absichtlich begangen wurden. Für die erste Sünde gab es ein Opfer, für die zweite nur Gericht.

Im NT wird dieser Unterschied nicht gemacht. Der Habsüchtige wird auf derselben Stufe gesehen wie der Hurer und Räuber (1. Kor. 5,11). Jede Sünde hat den Tod zur Folge (Röm. 6,23).

Für die Annahme, dass einige Sünden zeitliche Strafen und andere ewige Strafen nach sich ziehen, gibt es im NT keinen Hinweis. Wohl können Gläubige Sünden begehen, die den leiblichen Tod nach sich ziehen (1. Joh. 5,16).

2. Fordert die Bibel, einem Priester die Sünden zu beichten?

Grundsätzlich finden wir in der Bibel, dass alle Sünden zunächst Gott bekannt werden.

»… und wenn jemand gesündigt hat, wir haben einen Sachwalter (Fürsprecher) beim Vater, Jesum Christum, den Gerechten« (1. Joh. 2,1).

»Wenn wir unsere Sünden bekennen, so ist er (Gott) treu und gerecht, dass er uns die Sünden vergibt« (1. Joh. 1,9).

Wenn es um Sünde geht, gibt es nur einen Mittler oder Stellvertreter zwischen Gott und den Menschen, und das ist der Sohn Gottes selbst.

Menschen der Bibel, die gesündigt hatten, haben stets Gott ihre Sünde bekannt – manchmal im Beisein von Menschen (vgl. David in Ps. 32,5; Esra 10,1; Daniel 9,4).

In dem Fall, wo ich gegen einen Menschen gesündigt habe, muss ich nicht nur Gott, sondern auch dem Betroffenen die Sünde bekennen (Jak. 5,16; vgl. auch das Schuldopfer in 3. Mose 5,20-26).

Es gibt keine Stelle im NT, wo wir aufgefordert werden, einem Menschen als Stellvertreter Christi unsere Sünden zu bekennen.

3. Fordert die Bibel von den Menschen »Genugtuung«?

Wenn es um Sünde geht, gibt es nur eine Quelle der Sühne und »Genugtuung«, und das ist das Opfer unseres Herrn Jesus am Kreuz. Er hat die Strafe für unsere Sünden getragen und uns mit Gott versöhnt.

»Er ist die Sühnung für unsere Sünden« (1. Joh. 2,2).

»*… und werden umsonst gerechtfertigt durch seine Gnade, durch die Erlösung, die in Christo Jesu ist*« (Röm. 3,24).

»*Dem aber, der nicht wirkt, sondern an den glaubt, der den Gottlosen rechtfertigt, wird sein Glaube zur Gerechtigkeit gerechnet*« (Röm. 4,5).

»*Die Strafe zu unserem Frieden lag auf ihm, und durch seine Striemen ist uns Heilung geworden*« (Jes. 53,5).

Allein der Glaube an den Herrn Jesus und sein vollbrachtes Werk bewirkt Vergebung und Rechtfertigung.

Jeder Versuch, Sünde durch »gute« Werke und Frömmigkeitsübungen zu sühnen, ist eine Beleidigung Gottes, wertet das Opfer Jesu am Kreuz ab und zeigt den Hochmut des Menschen, der meint, zu seiner Erlösung selbst etwas beitragen zu können.

»*Denn durch die Gnade seid ihr errettet, mittelst des Glaubens; und das nicht aus euch, Gottes Gabe ist es; nicht aus Werken, auf dass niemand sich rühme*« (Eph. 2,8-9).

4. Lehrt die Bibel den »Ablass«?

Dass eigene »gute« Werke Einfluss auf Sündenstrafen haben, ist eine verheerende Irrlehre. Ebenso wenig gibt es irgendwelche »Verdienste« der Heiligen oder Marias im Sinn der röm.-kath. Kirche . Mit dieser Lehre wird die Werkgerechtigkeit gestützt, die den Menschen und sein Tun aufwertet und den Wert des Kreuzes und Opfers unseres Herrn herabsetzt.

Besonders im Mittelalter hat die kath. Kirche sich mit der Ablasspraxis an unwissenden Menschen auf unverschämte Weise bereichert und das Evangelium von der freien Gnade Gottes gelästert: »Sobald das Geld im Kasten klingt, die Seele in den Himmel springt«, war der Predigt-Inhalt des feurigen

Ablasspredigers Tetzel. Luther hat mit seinen 95 Thesen im Jahr 1517 fast ausschließlich gegen diese röm.-kath. Lehre von Buße und Ablass protestiert.

»Die Schätze des Ablasses sind Netze, womit man sich jetziger Zeit den Mammon der Leute fischet« (These 66).

Was lehrt die Bibel?

Buße ist Sinnesänderung

Das griechische Wort für Buße – »metanoia« – heißt wörtlich übersetzt »nachdenken« und steht mit »Sinnesänderung« in Verbindung. Biblische Buße beinhaltet also, dass ich mein Leben und meine Taten überdenke und im Licht Gottes beurteile. Habe ich bisher mein Leben an eigenen Maßstäben gemessen, so werde ich nun aufgefordert, meinen Sinn zu ändern und Gottes Sicht und Urteil anzuerkennen und anzunehmen.

Gott gebietet, Buße zu tun (Apg. 17,30), und Petrus predigte: *»So tut nun Buße und bekehret euch, dass eure Sünden abgewaschen werden«* (Apg. 3,19). Paulus sagte von sich, dass er sowohl Juden als Griechen *»Buße zu Gott und Glauben an unseren Herrn Jesus Christus«* (Apg. 20,21) bezeugt hat.

Der Herr Jesus sagte seinen Jüngern vor seiner Himmelfahrt: *»… und in seinem Namen (muss) Buße und Vergebung der Sünden gepredigt werden allen Nationen«* (Luk. 24,47).

Buße wird auch in Verbindung mit Bekehrung genannt (Apg. 3,19), woraus deutlich wird, dass diese Sinnesänderung auch praktisch in der Bekehrung oder Umkehr zu Gott sichtbar wird.

Buße ist ein Erschrecken über sich selbst

Buße bedeutet auch, dass ich über mich bzw. meine Taten erschrecke, Abscheu, Reue und Schmerz darüber empfinde. Eine schöne Illustration für Buße ist die bekannte Geschichte vom verlorenen Sohn. Am Schweinetrog *»kam er zu sich«*, dachte über sein Leben nach und verglich seine jetzige Situation mit der in seinem Elternhaus. Er verurteilte seinen Lebensweg als Sünde und machte sich auf, um zu seinem Vater umzukehren.

Buße ist eine Gabe Gottes

An manchen Stellen wird deutlich, dass – obwohl Gott einerseits zur Buße auffordert – auch die Buße eine Gabe Gottes ist, die Gott oft dann schenkt, wenn sein Wort gehört oder gelesen wird (vgl. Apg. 5,31; 11,18; 2. Tim. 2,25). Daraus wird deutlich, dass kein Mensch irgendetwas tun kann, was Gott befriedigt, sondern dass Buße, Bekehrung und Glaube Geschenke Gottes sind.

Nirgendwo in der Bibel wird Buße in dem Sinn von Bußgeldern, Wallfahrten, Kasteiungen, Fasten, Rosenkranzbeten usw. gefordert, ebenso wenig als eine Leistung des Menschen, um Schuld abzuzahlen und Gott gnädig zu stimmen.

9. Die Krankensalbung – »Sakrament zur Aufrichtung und Stärkung der Seele«?

So wie die Firmung nach röm.-kath. Lehre das Sakrament der Taufe vollendet, so steht das Sakrament der Krankensalbung (früher: »Letzte Ölung«) in engem Zusammenhang mit der »Buße«. Es wird gelehrt, dass durch die »Buße« die begangenen Sünden vergeben werden und dass durch die Krankensalbung die »Schwäche« hinweggenommen wird, welche nach der Sünde geblieben ist, und dass jeder Zustand beseitigt wird, der ein »Hindernis für die Überkleidung mit Herrlichkeit in der Auferstehung« sein könnte.[46]

Spender dieses Sakraments dürfen nur Bischöfe und geweihte Priester sein.

> »Wer sagt, die ›Ältesten der Kirche‹, die nach dem Apostel Jakobus zur Salbung des Kranken gerufen werden sollten, seien nicht die vom Bischof geweihten Priester, sondern die Ältesten jeder Gemeinde, und deshalb sei der eigentliche Spender der Letzten Ölung nicht nur der Priester, der sei ausgeschlossen.«
>
> (Konzil zu Trient, 1551)

Obwohl anerkannt wird, dass die Krankensalbung in den Evangelien keine Erwähnung findet, so wird dennoch gelehrt, dass Christus dieses Sakrament eingesetzt habe, und es werden alle verdammt, welche die Einsetzung dieses Sakraments als eine Erfindung von Menschen bezeichnen.

> »Wer sagt, die Letzte Ölung sei nicht wirklich und eigentlich ein von Christus, unserem Herrn, eingesetztes und vom heiligen Apostel Jakobus verkündetes Sakrament, sondern lediglich ein von den Vätern überkommener Brauch oder eine menschliche Erfindung, der sei ausgeschlossen.«
>
> (Konzil zu Trient, 1551)

Die Krankensalbung wird denen gegeben, die sich durch Unfall, Krankheit oder Schwäche in einem bedrohlich angegriffenen Zustand befinden.

> »Das Sakrament der Krankensalbung wird jenen gespendet, deren Gesundheitszustand bedrohlich angegriffen ist, indem man sie auf der Stirn und auf den Händen mit ordnungsgemäß geweihtem Olivenöl oder, den Umständen entsprechend, mit einem anderen ordnungsgemäß geweihten Pflanzenöl salbt und dabei einmal folgende Worte spricht: ›Durch diese heilige Salbung helfe dir der Herr in seinem reichen Erbarmen, er stehe dir bei mit der Kraft des Heiligen Geistes: Der Herr, der dich von Sünden befreit, rette dich, in seiner Gnade richte er dich auf.‹«[47]

Die Praxis

Während die Krankensalbung früher als »Letzte Ölung« oder Sterbesakrament verstanden wurde, gehört die Krankensalbung seit der nachkonziliaren liturgischen Erneuerung nicht mehr zum »Versehgang« bei unmittelbarer Todesgefahr. Heute wird dieses Sakrament vor allem denen gespendet, die sich wegen schwerer Krankheit oder Altersschwäche in einem stark angegriffenen Gesundheitszustand befinden.

Nur Priester (Presbyter und Bischöfe) dürfen die Krankensalbung spenden; sie verwenden dazu Öl, das vom Bischof oder im Notfall vom Zelebranten selbst geweiht ist.

Während früher der Kranke mit geweihtem Öl an Augen, Ohren, Nase, Mund, Händen und Füßen gesalbt wurde, salbt man ihn heute an der Stirn und an den Händen, während der Priester die bereits zitierten Worte spricht.

Der früher übliche »Versehgang«, bei dem der Sterbende mit den drei Sakramenten der Buße, der Letzten Ölung und der Eucharistie »versehen« wurde, soll nur noch dann stattfinden, wenn jemand unvorhergesehen in unmittelbare Todesgefahr gerät.

Die Wirkung

Nach röm.-kath. Lehre wirkt dieses Sakrament Mehrung der Gnade, Tilgung der Sünden, Schutz vor dem Teufel, Stärkung des Vertrauens auf die Barmherzigkeit Gottes, Genesung, »falls dies dem Heil der Seele zuträglich ist«, und die »Vorbereitung auf den Hinübergang in das ewige Leben«.

> »Der Gehalt und die Wirkung dieses Sakraments wird in folgenden Worten erklärt: ›Und das Gebet des Glaubens wird dem Kranken zum Heil sein, und der Herr wird ihn aufrichten. Und wenn er in Sünden ist, dann werden sie ihm vergeben werden‹ (Jak. 5,15).
>
> Der Gehalt (des Sakraments) ist nämlich diese Gnade des Heiligen Geistes, dessen Salbung die Vergehen, falls noch solche zu tilgen sind, und die Überbleibsel der Sünde wegnimmt und die Seele des Kranken aufrichtet und stärkt, indem sie ein großes Vertrauen auf die göttliche Barmherzigkeit in ihm weckt, so dass er die Lasten und Schmerzen der Krankheit leichter trägt und den Versuchungen Satans, der seiner Ferse nachstellt (Gn. 3,15), leichter widersteht und manchmal, wenn es das Heil der Seele fördert, auch die körperliche Genesung erlangt.«
>
> (Konzil zu Trient, 1551)

Zusammenfassung

Die röm.-kath. Kirche lehrt also:

- die Krankensalbung sei als Sakrament vom Herrn selbst eingesetzt worden,

- sie könne allein vom Bischof oder Priester erteilt werden,

- sie tilge Sünden und Überreste von Sünde,

- sie stärke das Vertrauen auf Gott,

- sie vermittle, »wenn es das Heil der Seele fördert«, auch körperliche Genesung.

Was lehrt die Bibel?

1. Ist die Krankensalbung von Christus eingesetzt worden?

Die röm.-kath. Dogmatiker geben zu, dass es in den Evangelien keinen Hinweis auf die Einsetzung der Krankensalbung gibt. Wenn sie nun trotzdem lehren, dass Christus dieses Sakrament eingesetzt hat, so fügen sie offensichtlich dem Wort Gottes ihre eigenen Gedanken hinzu und maßen sich an, diese der Heiligen Schrift gleichzusetzen.

2. Wie ist die Salbung mit Öl nach Jak. 5,14 zu verstehen?

Diese Bibelstelle ist die einzige, auf welche die röm.-kath. Kirche ihre Lehren über die Krankensalbung aufbaut. Was sagt diese Stelle aus?

a) »Ist jemand krank unter euch ...?«
Hier ist keine Rede von einem Sterbenden oder Todkranken, sondern von einem Kranken, der bei vollem Bewusstsein einen Besuch der Ältesten seiner Gemeinde wünscht.

b) »... er rufe die Ältesten ...«
Er ruft also keinen »geweihten Priester«, sondern die Ältesten (Mehrzahl!) der Gemeinde, die sich durch Weisheit, Reife und Gottesfurcht auszeichnen und eine Verantwortung für das geistliche Wohlergehen der Gläubigen ihrer Gemeinde fühlen. (Eines von den vielen Merkmalen eines Ältesten ist übrigens, dass er nach 1. Tim. 1,1-7 und Titus 1,6 Ehemann und Familienvater sein sollte, was aufgrund des Zölibats einen »geweihten Priester« ausschließt!)

c) »... und sie mögen über ihm beten ...«
Hier geht es schlicht und einfach um Fürbitte, darum, die Not des Kranken gemeinsam vor Gott auszubreiten und im Vertrauen auf Gott für oder über ihm zu beten.

d) »... nachdem sie ihn mit Öl gesalbt haben ...«
Aus Mark. 6,13 und Luk. 10,34 geht hervor, dass man damals
Öl als ein Heilmittel bei bestimmten Krankheiten und Verlet-
zungen gebraucht hat. Es geht also hier nicht um irgendein ge-
heimnisvolles, geweihtes Öl, sondern um ein gebräuchliches
Hausmittel, das im Namen des Herrn benutzt werden kann und
nicht im Widerspruch zu dem Vertrauen auf Gott steht.

*e) »... und das Gebet des Glaubens wird den Kranken heilen
(retten) ...«*
Also nicht die mit einem Ritual verbundene Ölung, sondern
das Gebet des Glaubens im Sinne von 1. Joh. 5,14-15 wird
Gott erhören.

f) »... und der Herr wird ihn aufrichten ...«
Der Herr wird ihn geistlich, seelisch oder körperlich stärken
und aufrichten. Der Besuch der Ältesten hat also weder etwas
mit einer Wunderheilung noch mit einer Sterbezimmer-At-
mosphäre zu tun, denn es geht um die Wiederherstellung des
Kranken, dessen Krankheit möglicherweise auch durch bisher nicht vor Menschen bekannte Sünden verursacht wurde.
In einem solchen Fall werden wir dann aufgefordert, einander
die Sünden zu bekennen.

Diese Bibelstelle bietet also keinerlei Hinweise und keine Le-
gitimation für die röm.- kath. Lehre von der Krankensalbung,
sondern widerlegt sie vielmehr.

**Im Gegensatz zur Zielsetzung des biblischen Textes in
Jak. 5,14 stärkt die röm.-kath. Lehre von der Krankensalbung in keiner Weise das Vertrauen des Kranken auf
Gott, sondern bindet ihn noch einmal – vielleicht zum
letzten Mal – fest an eine Institution, die sein Vertrau-
en missbraucht, und so wird der Kranke oder Sterbende
nicht auf die Ewigkeit vorbereitet, sondern um den Preis
seiner Seele getäuscht.**

10. Das Sakrament der Weihe – »Sakrament zur Weiterführung des Priester- und Mittleramtes Christi«?

Die Weihe gehört nach röm.-kath. Lehre zu den drei Sakramenten, die ein »unauslöschliches Merkmal« einprägen und den Priester autorisieren, das »Priester- und Mittleramt Christi« auf der Erde fortzusetzen. Die Weihe wird vom Bischof durch Handauflegung vollzogen. Dieses Sakrament können nach dem kirchlichen Gesetzbuch nur Männer empfangen. Die Bischofs- und die Priesterweihe ist mit der Verpflichtung zum Zölibat verbunden.
Die Weihe wird auch »Ordination« genannt und als »Sakrament des apostolischen Dienstes« bezeichnet.[48]

Die röm.-kath. Kirche macht einen Unterschied zwischen dem »Priestertum aller Gläubigen« und dem »amtlichen oder hierarchischen Priestertum der Bischöfe und Priester«, durch die »Christus seine Kirche unablässig aufbaut und leitet«.[49]

Durch die Weihe oder Ordination wird der »Geweihte für immer vom Laien unterschieden«[50] und bekommt das Recht, »die Feier der heiligen Messe« durchzuführen, und die »Vollmacht der Sündenvergebung«.

> »Das Amtspriestertum hat nicht nur zur Aufgabe, Christus, das Haupt der Kirche, vor der Versammlung der Gläubigen zu repräsentieren; es handelt auch im Namen der ganzen Kirche, wenn es das Gebet der Kirche an Gott richtet, vor allem, wenn es das eucharistische Opfer darbringt.«[51]
> »Nur die Apostel und dann jene, denen ihre Nachfolger die Hand auflegten, besitzen die Vollmacht des Priestertums, kraft dessen sie vor dem Volk die Stellvertreter Christi sind und zugleich vor Gott stellvertretend für das Volk handeln. Ihr Priestertum erhalten sie nicht durch Erbschaft oder menschliche Abstammung. Es entspringt nicht der Ge-

meinschaft der Christen. Es wird ihnen nicht vom Volke übertragen. Zuerst ist der Priester Gesandter des göttlichen Erlösers und erst dann Stellvertreter der Gemeinschaft am Throne Gottes. Er handelt unter den Gläubigen an Stelle Gottes, weil Christus das Haupt jenes Leibes ist, dessen Glieder die Christen bilden. Die ihm verliehene Macht kann darum mit keiner menschlichen Einrichtung verglichen werden. Sie ist vollkommen übernatürlich. Sie stammt von Gott.

Da aber dieser heilige Priesterdienst eine göttliche Einrichtung ist, so war es entsprechend, dass es im fein gegliederten Aufbau der Kirche verschiedene Ordnungen von Dienern gebe, auf dass er (der Priesterdienst) würdig und mit größerer Ehrfurcht durchgeführt werden könne. Sie sollten von Amts wegen dem Priestertum dienen und so verteilt sein, dass diejenigen, die schon die klerikale Tonsur tragen, durch die niederen Weihen zu den höheren aufsteigen. Denn die Heilige Schrift redet nicht nur von den Priestern, sondern ganz klar auch von den Diakonen, und sie lehrt mit ernsten Worten, auf was man bei ihrer Weihe vor allem zu achten habe.

Von Anfang an waren in der Kirche die Namen folgender Dienstordnungen und die den einzelnen Dienstordnungen entsprechenden Amtsverrichtungen in Gebrauch: des Subdiakons, des Altardieners, des Beschwörers, des Vorlesers und des Pförtners, freilich nicht auf gleicher Stufe. Denn das Subdiakonat wird von den Vätern und Kirchenversammlungen zu den höheren Weihen gezählt. Wir lesen bei ihnen aber auch häufig von den anderen, niederen Weihen.«

(Konzil zu Trient, 1563)

Weiter wird gelehrt, dass das Priestertum von dem Herrn eingesetzt und von den Aposteln und ihren Nachfolgern übertragen worden sei, um »seinen Leib und sein Blut zu verwandeln, darzubringen und auszuteilen sowie Sünden zu vergeben und zu behalten«.

»Opfer und Priestertum sind nach göttlicher Anordnung so verknüpft, dass sich beides in jeder Heilsordnung findet. Da also im Neuen Bund die katholische Kirche nach der Einsetzung des Herrn die heilige Eucharistie als sichtbares Opfer empfangen hat, so muss man auch bekennen, dass es in ihr ein neues, sichtbares, äußeres Priestertum gibt, in dem das alte Priestertum aufgehoben und vollendet wurde. Dass dieses Priestertum von unserem Herrn und Heiland eingesetzt wurde, dass den Aposteln und ihren Nachfolgern im Priestertum die Gewalt übertragen wurde, seinen Leib und sein Blut zu verwandeln, darzubringen und auszuteilen sowie Sünden zu vergeben und zu behalten, das zeigt die Heilige Schrift und das hat die Überlieferung der katholischen Kirche immer gelehrt.«

(Konzil zu Trient, 1563)

Nach Auffassung der röm.-kath. Kirche wird die Priesterweihe in Worten und äußeren Zeichen (Handauflegung) vollzogen und vermittelt Gnade.

»Da es nach dem Zeugnis der Schrift, nach apostolischer Überlieferung und allgemeiner Auffassung der Väter ganz klar ist, dass durch die heilige Weihe, die in Worten und äußeren Zeichen vollzogen wird, Gnade mitgeteilt wird, so darf niemand daran zweifeln, dass die Weihe im wahren und eigentlichen Sinn eines von den sieben Sakramenten der heiligen Kirche ist; denn der Apostel sagt: ›Ich mahne dich, du mögest die Gnadengabe neu erwecken, die in dir ist, durch die Auflegung meiner Hände. Denn Gott hat uns nicht den Geist des Zagens gegeben, sondern der Kraft, der Liebe und der Besonnenheit‹ (2. Tim. 1,6 f).«

(Konzil zu Trient, 1563)

»Wer sagt, durch die heilige Weihehandlung werde nicht der Heilige Geist mitgeteilt, und es sei daher sinnlos, wenn der Bischof sage: ›Empfange den Heiligen Geist‹, oder es werde durch sie nicht ein Merkmal eingeprägt, oder, wer einmal Priester war, könne wieder Laie werden, der sei ausgeschlossen.«

(Konzil zu Trient, 1563)

»An Folgendes aber glauben wir erinnern zu sollen: Der Priester handelt nur deshalb an Stelle des Volkes, weil er die Person unseres Herrn Jesus Christus vertritt, insofern dieser das Haupt aller Glieder ist und sich selbst für sie opfert; er tritt folglich an den Altar als Diener Christi, niedriger als Christus stehend, aber höher als das Volk. Das Volk aber, das unter keiner Rücksicht die Person des göttlichen Erlösers darstellt noch Mittler ist zwischen sich selbst und Gott, kann in keiner Weise priesterliche Rechte genießen.«

(Rundschreiben von Papst Pius XII., 1947)

Die drei »höheren Weihen« zeigen auch die »Rangordnung in der Gnaden-Vermittllung«:

»Das Bischofsamt ist dem Priestertum übergeordnet und dieses dem Diakonat übergeordnet.«[52]

Die »apostolische Sukzession« (oder »apostolische Nachfolge)

Durch die Weihe oder Ordination durch einen »gültig geweihten, das heißt in der apostolischen Sukzession stehenden Bischof« glaubt man die »apostolische Sukzession« verwirklichen zu können. Damit möchte man eine direkte Kette oder Verbindung von Christus über die eingesetzten Apostel und den von diesen wiederum eingesetzten Bischöfen usw. »bis zur Wiederkehr Christi« garantieren.

»Da das Sakrament der Weihe das Sakrament des apostolischen Dienstes ist, kommt den Bischöfen als Nachfolgern der Apostel die Vollmacht zu, die geistliche Gabe, die apostolische Schau weiterzugeben. Die gültig geweihten, das heißt in der apostolischen Sukzession stehenden Bischöfe sind die gültigen Spender des Weihsakraments.«[53]

Diese »apostolische Sukzession« scheint für einige protestantische Pfarrer und evangelikale Pastoren so faszinierend zu sein, dass man in den letzten Jahren von immer mehr Fällen von »heimlicher Priesterweihe« durch einen katholischen Bischof hört.

Zusammenfassung

Die röm.-kath. Kirche lehrt also:

- Die Weihe (Ordination) ist ein wahres Sakrament und von Christus eingesetzt.

- Sie wird durch Handauflegung eines Bischofs vollzogen.

- Sie teilt Heiligen Geist mit und prägt ein unauslöschliches Merkmal ein.

- Sie verwirklicht die »apostolische Sukzession«.

- Sie unterscheidet den Priester für immer vom »Laien«.

- Sie autorisiert den Priester, »Leib und Blut des Herrn zu verwandeln, darzubringen und Sünden zu vergeben«.

Was lehrt die Bibel?

1. Wer ist nach dem NT Bischof?

Das griechische Wort ›episkopous‹ wird in katholischen Bibelübersetzungen mit »Bischof« übersetzt, während die meisten protestantischen Bibeln mit »Aufseher« übersetzen.

Aus Apg. 20,17+28 und Titus 1,5+7 geht deutlich hervor, dass der »Bischof« (oder Aufseher) auch als »Ältester« bezeichnet wird. Hier geht es also nicht um zwei verschiedene Ämter, in denen der Bischof über den Ältesten steht, sondern um ein Amt unter zwei Aspekten.

Der Titel »Ältester« lässt auf geistliche Reife und Erfahrung schließen, während der Titel »Bischof« (oder Aufseher) die Arbeit oder Aufgabe der betreffenden Person deutlich macht. Älteste oder Bischöfe haben nach neutestamentlicher Lehre allein in der örtlichen Gemeinde Verantwortung und Autorität und nicht darüber hinaus. Nirgendwo im NT wird erwähnt oder angedeutet, dass der Bischof Aufsicht über mehrere Gemeinden und deren Älteste hat.

Erst im 2. Jahrhundert n.Chr. finden wir in der Kirchengeschichte, dass man anfing, »Diözesanbischöfe« zu ernennen, denen man die Aufsicht über eine Anzahl oder ein Gebiet von Gemeinden übertragen hat.

In der apostolischen Zeit finden wir eine Anzahl Älteste (Bischöfe) in jeder einzelnen örtlichen Gemeinde. Im Laufe der Zeit begann man aus der Anzahl der Ältesten einen Vorsitzenden, einen *»primus inter pares«* zu wählen, dem schließlich der Titel »Bischof« allein vorbehalten war.

Erst in der Zeit der Auseinandersetzungen mit Gnostikern und anderen Häretikern suchte man nach einer Instanz, welche die Treue der kirchlichen Überlieferungen garantieren sollte. Daraus entwickelte sich das »monarchische Episkopat«, indem man die Theorie aufstellte, dass die Bischöfe durch die ununterbrochene Sukzessionskette Träger des apostolischen Lehramtes seien. Aus dieser Zeit (ca. 170 n.Chr.) stammen wahrscheinlich auch die ersten Bischofslisten.

In den nächsten Jahrhunderten bekam dann der Bischof von Rom besondere Ehre und Autorität, woraus sich dann schließlich das Papsttum entwickelte mit Leo I. (440-461) als dem ersten eigentlichen Papst.

So kann man in dem Werk von Johann Auer und Joseph Ratzinger, »Kleine katholische Dogmatik«, Band 8, lesen:

> »In der Kirche Roms selbst ist es Papst Leo I. (440-461), der mit letzter Entschiedenheit den Primat des römischen Bischofs als des Nachfolgers auf der Kathedra Petri herausgestellt hat ...«[54]

Nach neutestamentlicher Lehre bilden also die Ältesten oder Aufseher die höchste geistliche Autorität einer örtlichen Gemeinde. Sie wiederum sind allein und ausschließlich Jesus Christus, dem »Oberhirten« (1. Petr. 5,4) Rechenschaft schuldig (Hebr. 13,17) und nicht einer übergeordneten kirchlichen Hierarchie, die man vielleicht pragmatisch, aber nicht biblisch begründen kann.

2. Wer ist nach dem NT Priester?

Im AT war das Priestertum an eine besondere Personengruppe gebunden. Nur Aaron und seine Söhne durften den Priesterdienst ausüben, man musste also in die Familie Aarons hineingeboren sein (2. Mose 28).

Auch im NT wird man nur durch Geburt, durch Familienzugehörigkeit Priester: Durch die Wiedergeburt (Bekehrung) wird man ein Kind Gottes und gehört damit zur Familie Gottes. Jeder – unabhängig von Alter und Geschlecht – der an den Herrn Jesus glaubt und dadurch neues, ewiges Leben empfangen hat, ist damit ein Priester Gottes.

»Dem, der uns liebt und uns von unseren Sünden gewaschen hat in seinem Blut, und uns gemacht hat zu einem Königtum, zu Priestern seinem Gott und Vater« (Offb. 1,6).

»Ihr aber seid ein auserwähltes Geschlecht, ein königliches Priestertum ...« (1. Petr. 2,9).

Es ist also ein gravierender Irrtum, wenn die röm.-kath. Kirche lehrt, dass nur Männer Priester sein können, und nur solche Männer, die durch besondere Zeremonien dazu geweiht werden.

3. Wie wird man nach dem NT Priester?

Im AT wurde man als männlicher Nachkomme Aarons Priester, indem man dazu geweiht und geheiligt wurde. Zu dieser Weihe gehörte die Salbung und eine besondere Kleidung.
Im NT wird – wie bereits gesagt – ein Mensch durch die Wiedergeburt ein Priester und in demselben Augenblick, bildlich

gesprochen, »bekleidet« und »gesalbt«. Wir haben den »neuen Menschen« (Kol. 2,10; Eph. 4,24) angezogen, Christus selbst und Seine Gerechtigkeit ist »unser Schmuck und Ehrenkleid«. So wie der verlorene Sohn nach seiner Rückkehr zum Vater das »beste Kleid« (Luk. 15,22) bekam, haben wir bei unserer Bekehrung die »Kleider des Heils« und den »Mantel der Gerechtigkeit« (Jes. 61,10) bekommen. Ebenso sind wir mit der Bekehrung »gesalbt und versiegelt« worden (2. Kor. 1,21).

»Und ihr habt die Salbung von dem Heiligen und wisset alles« (1. Joh. 2,20).

Priester wird man also niemals durch die Weihe eines Bischofs, sondern durch die Bekehrung (Wiedergeburt) – gewirkt von Gott selbst durch den Heiligen Geist.

4. Welche Aufgaben haben die Priester nach dem NT?

Wir haben schon festgestellt, dass Petrus die Gläubigen als ein »heiliges« und »königliches« Priestertum beschreibt.

Heilige Priester:

Als heilige Priester (1. Petr. 2,5) haben wir Gott etwas zu bringen:
»Geistliche Schlachtopfer, Gott wohlannehmlich durch Jesum Christum.« Es geht also darum, dass wir Gott dienen, ihm »geistliche Opfer« bringen, zu seiner Freude und Verherrlichung:

a) Opfer des Lobes

»Durch ihn nun lasst uns Gott stets ein Opfer des Lobes darbringen, das ist die Frucht der Lippen, die seinen Namen bekennen« (Hebr. 13,15).
Dieses Opfer wird »Frucht der Lippen« genannt. Gott zu loben, ihn anzubeten, ist sicher die erste Aufgabe jedes Christen.

»Es kommt aber die Stunde und ist jetzt, da die wahrhaftigen Anbeter den Vater in Geist und Wahrheit anbeten werden; denn auch der Vater sucht solche als seine Anbeter« (Joh. 4,23).

b) Materielle Opfer

»Das Wohltun und Mitteilen aber vergesst nicht, denn an solchen Opfern hat Gott Wohlgefallen« (Hebr. 13,16).

Hier geht es um die Weitergabe von Zeit, Geld und Gut an Arme und Bedürftige. Auch diese Gaben werden »Opfer« genannt und erfreuen Gott (vgl. Phil. 3,18).

c) Opfer des Leibes

»Ich ermahne euch nun, Brüder, durch die Erbarmungen Gottes, eure Leiber darzustellen als ein lebendiges, heiliges, Gott wohlgefälliges Schlachtopfer, welches euer vernünftiger Gottesdienst ist« (Röm. 12,1).

Gott wird ganz sicher auch dadurch verherrlicht, dass wir unseren Körper und unser ganzes Leben in Seinen Dienst stellen.

Königliche Priester:

Als königliche Priester gehen wir – bildlich gesprochen – aus der Gegenwart Gottes hin zu den Menschen, um ihnen etwas von dem zu sagen und zu zeigen, den wir anbeten und dem wir dienen. Wir sollen die *»Tugenden dessen verkündigen, der uns berufen hat aus der Finsternis zu seinem wunderbaren Licht«* (1. Petr. 2,9). Dieser Dienst (irrtümlich oft als Gottesdienst bezeichnet) richtet sich also nicht an Gott, sondern an die Menschen und besteht vor allem in der Verkündigung des Wortes Gottes.

Auch Paulus hat seine Tätigkeit als Evangelist als »priester-
lichen Dienst« bezeichnet. *»Um ein Diener Christi Jesu zu
sein für die Nationen, priesterlich dienend an dem Evangelium Gottes«* (Röm. 15,16).

An keiner Stelle im NT findet man die gotteslästerliche Lehre, dass wir als Priester »Leib und Blut des Herrn« zu opfern
hätten.

5. Kennt das NT den Unterschied zwischen »Klerus« und »Laien«?

Wir haben bereits gesehen, dass vor Gott alle Gläubigen auf
einer Stufe stehen; sie alle sind Kinder Gottes, sie alle sind
Priester. Es gibt also keinen »geistlichen« Stand, der von
einer besonderen Gruppe von Menschen durch Ordination,
Einsegnung oder sonstige Riten gebildet würde.

Wohl gibt es unter den Gläubigen »geistliche« (Gal. 6,1) im
Gegensatz zu den »fleischlichen« (1. Kor. 3,1-3). »Geistliche« Christen leben, denken und handeln unter der Führung
des Heiligen Geistes, während »fleischliche« Christen nach
den Prinzipien des alten Menschen leben und sich nicht von
den Menschen dieser Welt unterscheiden.

Wir werden also nicht »geistlich« durch irgendeine sakrale
Handlung, sondern können in der einen Situation »geistlich«
und in der nächsten »fleischlich« reagieren, je nachdem, wie
wir uns nach dem Wort Gottes oder nach Menschenmeinung
ausrichten. Petrus war fleischlich, als er heuchelte (Gal. 2,11-
14), und Paulus ebenso, als er dem Hohenpriester Ananias
(Apg. 23,3) aufgebracht antwortete.

In unserer Stellung vor Gott gibt es also keine Unterschiede,
wohl aber können wir in unserem praktischen Leben als
»Geistliche« oder »Fleischliche« erkannt werden. Die Lehre,
dass der »Priester höher als das Volk« steht, widerspricht di-

rekt den Lehren des NT, wo geistliche Autorität sich gerade dadurch zeigt, dass man dient, sich unter den anderen stellt.

Vielleicht finden wir in den Lehren und in den Werken der »Nikolaiten« (= Volksbeherrscher) erste Anzeichen für die Bildung eines Klerus in der frühen Christenheit (Offb. 2,6+15). Aber von diesen Nikolaiten lesen wir, dass der Herr Jesus ihre Werke »hasst« (Offb. 2,6).

Im NT finden wir zwar die Einsetzung von geistlichen Autoritäten: Der Heilige Geist setzt in der Gemeinde »Älteste« oder »Aufseher« ein (Apg. 20,17+28), und die Gemeinde wird aufgefordert, solche anzuerkennen und in Liebe zu achten, »die unter euch arbeiten und euch vorstehen im Herrn und euch zurechtweisen« (1. Thess. 4,12-13). Außerdem werden die Christen aufgefordert, ihren »Führern« zu gehorchen, die sich durch geistliche Qualitäten, durch die Bindung an Gottes Wort und durch ihr Vorbild ausgezeichnet haben (Hebr. 13,7).

Diese Älteste (Aufseher) und Führer haben eine von Gott verliehene Autorität, die aber verloren gehen kann, wenn sie sich ungeistlich verhalten oder den biblischen Maßstäben nicht mehr entsprechen. Sie bilden keinen »geistlichen Stand« auf Lebenszeit, in den sie durch eine Ordination oder Institution eingesetzt werden.

6. Ist die Austeilung des Abendmahls an bestimmte ordinierte oder geweihte Personen gebunden?

Die Berichte in den Evangelien und die Lehren in 1. Kor. 10 und 11 über das Abendmahl zeigen übereinstimmend, dass wir das Brot und den Wein von dem Herrn empfangen und unter uns teilen.

»Der Kelch der Segnung, den wir segnen ... das Brot, das wir brechen ...« (1. Kor. 10,16). Es gibt keine Bibelstelle, die irgendwie andeutet, dass durch besondere Worte eines beson-

deren Mannes Brot und Wein verwandelt oder sogar geopfert werden. Der Herr Jesus hat sich ein für alle Mal auf Golgatha geopfert (Hebr. 10,12+14+18).

Wir teilen Brot und Wein unter uns zur Erinnerung und zum Gedächtnis unseres Herrn. Dazu bedarf es keines »Priesters«, Pfarrers oder sonstigen Klerikers.

So leugnet die röm.-kath. Kirche durch ihre Lehren die direkte, wunderbare Beziehung, die wir zu Gott, unserem Vater, haben, und versucht ihre Gläubigen durch die Einführung des Priesteramtes in einer menschlichen Abhängigkeit, Hörigkeit und in einer geistlichen Unmündigkeit zu halten. Andererseits verleiht sie mit ihren Irrlehren dem Klerus eine Autorität und Macht, die allein Gott zusteht.

11. Die Ehe –
»Sakrament zur Mehrung des Gottesvolkes«?

Es ist bekannt, dass die röm.-kath. Kirche im Gegensatz zu vielen protestantischen Kirchen die Ehe und viele damit zusammenhängende Fragen vor liberalen Auffassungen und Angriffen geschützt hat und schützt.

Wenn wir das auch dankbar anerkennen, so muss andererseits deutlich darauf aufmerksam gemacht werden, dass die röm.-kath. Kirche dadurch, dass sie die Ehe zum Sakrament erklärte, der Ehe einen falschen, unbiblischen Stellenwert gegeben hat.

»Die Ehe ist eingesetzt zur gegenseitigen Hilfe der Ehegatten und zur Mehrung des Gottesvolkes. Die Hingabe an dieses Doppelziel ist für die Ehegatten der durch das Sakrament geheiligte Weg zum Heil. ›Sie (die Frau) erlangt ihr Heil durch die Mutterschaft, wenn sie im Glauben, in der Liebe, in der Heiligung in Ehrbarkeit verharrt‹ (1. Tim. 2,15).«[55]

»Das siebente Sakrament ist die Ehe. Nach dem Apostel ist sie ein Zeichen der Verbindung Christi mit der Kirche: ›Es ist dies ein großes Geheimnis, ich meine aber in Christus und der Kirche‹ (Eph. 5,32). Die Wirkursache der Ehe ist die gegenseitige Zustimmung, die für gewöhnlich in Worten, die sich auf die Gegenwart beziehen, ausgedrückt wird. Ein dreifaches Gut kommt der Ehe zu: Das erste ist die Zeugung des Nachwuchses und seine Erziehung zum Dienst Gottes, das zweite die Treue, die der eine Gatte dem andern wahren muss, das dritte die Unauflöslichkeit der Ehe, weil sie die unlösliche Verbindung Christi und der Kirche darstellt. Wegen Unzucht ist zwar eine Scheidung von Tisch und Bett erlaubt, aber es bleibt dennoch gegen Gottes Gebot, eine andere Ehe einzugehen; denn das Band einer rechtmäßig geschlossenen Ehe ist dauernd.«

(Konzil zu Florenz, 1439)

»Da nun die Ehe im Gesetz des Evangeliums durch Christus aufgrund der Gnade einen Vorrang hat vor den ehelichen Verbindungen der früheren Zeit, so lehrten unsere heiligen Väter, die Kirchenversammlungen und die gesamte kirchliche Überlieferung stets mit Recht, dass sie zu den Sakramenten des Neuen Bundes zu zählen ist. Dagegen haben in unseren Tagen betörte Menschen nicht nur falsch von diesem ehrwürdigen Sakrament gedacht, sondern nach ihrer Art unter Berufung auf das Evangelium eine falsche Freiheit des Fleisches eingeführt und vieles in Schrift und Wort verkündet, was der Auffassung der katholischen Kirche und den bewährten Überlieferungen aus der Zeit der Apostel fremd ist, nicht ohne großen Nachteil der Gläubigen ...«

(Konzil zu Trient, 1563)

Die röm.-kath. Kirche lehrt, dass Jesus Christus selbst die Ehe als Sakrament und gnadenbringende Einrichtung eingesetzt habe, und schließt jeden aus, der diese Lehre anzweifelt.

»Christus, der Herr, hat die Ehe zur Würde eines Sakraments erhoben, und gleichzeitig hat er bewirkt, dass die Gatten, umhegt und gefestigt von göttlicher Gnade, die seine Verdienste uns erworben haben, eben in der Ehe ihre Heiligkeit erlangen. In ihr hat er in wundervoller Angleichung der Ehe an das Vorbild seiner geheimnisvollen Ehe mit der Kirche die Liebe, wie sie der Menschennatur entspricht, zur Vollendung geführt und durch das Band göttlicher Liebe die ihrer Natur ausschließliche Gemeinschaft zwischen Mann und Weib fester geknüpft. ›Ihr Männer‹, sagt Paulus, ›liebt eure Frauen, wie Christus seine Kirche geliebt und sich für sie hingegeben hat, sie zu heiligen‹ (Eph. 5,25) ...«

(Papst Leo XIII., 1880)

»Wer sagt, die Ehe sei nicht wahrhaft und eigentlich eines der sieben Sakramente des evangelischen Gesetzes, das von Christus, dem Herrn, eingesetzt wurde, sondern es sei von Menschen in der Kirche erfunden worden und teile keine Gnade mit, der sei ausgeschlossen.«

(Konzil zu Trient, 1563)

Weiter wird gelehrt, dass der Kirche die gesamte Ehegesetzgebung von Christus übergeben worden sei.

»Wie nun Christus die Ehe zu einer solchen Würde (eines Sakraments)
neu erhoben hat, so hat er auch der Kirche die ganze Ehegesetzgebung
übergeben und anvertraut. Sie hat diese Rechtsbefugnis über die Ehen
der Christen immer und überall ausgeübt, und zwar so, dass sie klar als
ihr Eigentum erschien, nicht als Zugeständnis, das sie von Menschen
erbeten hätte, sondern als Besitz, den sie von Gott durch den Willen
ihres Stifters erlangt hat.«

(Papst Leo XIII., 1880)

Dieses Dogma hat zur Folge, dass die röm.-kath. Kirche unter bestimmten Umständen bestehende Ehen für »unerlaubt«
oder sogar für »ungültig« erklären kann. Umstände, die eine
Ehe »unerlaubt« machen, sind u. a. das »einfache« Gelübde
der Jungfräulichkeit, Keuschheit, Ehelosigkeit, der Empfang
der »heiligen Weihen« und der Eintritt in einen Orden.

Auch bei unterschiedlichen Glaubensbekenntnissen (z. B.
Heirat eines Katholiken mit einer getauften Protestantin)
wird eine Mischehe nur dann anerkannt, wenn dazu eine
ausdrückliche Erlaubnis der kirchlichen Autorität eingeholt
wurde.

»Gemäß dem in der lateinischen Kirche geltenden Recht bedarf eine
Mischehe, um erlaubt zu sein, der ausdrücklichen Erlaubnis der kirchlichen Autorität … Diese Erlaubnis und diese Dispens setzen voraus,
dass die beiden Partner die wesentlichen Zwecke und Eigenschaften
der Ehe sowie die Verpflichtungen kennen und nicht ausschließen, die
der katholische Partner in Bezug auf die Taufe und die Erziehung der
Kinder in der katholischen Kirche hat.«[56]

Im Zuge der »ökumenischen Annäherung« hat sich das katholische Kirchenrecht der neuen Situation angepasst. Während
früher ein Katholik, der sich von einem »nichtkatholischen
Religionsdiener« trauen ließ, exkommuniziert wurde, gibt es
heute für den Katholiken die Möglichkeit, sich mit der Ge-
nehmigung des Bischofs in einer nichtkatholischen Kirche
oder Gemeinschaft trauen zu lassen.

Ein Grund, der z. B. eine Ehe nach röm.-kath. Recht »ungültig« macht, ist: Das »feierliche« (öffentliche) Gelübde der Keuschheit oder die »Höheren Weihen«.

> »Wer sagt, Kleriker, die die heiligen Weihen empfangen haben, oder Ordensleute mit dem feierlichen Gelübde der Keuschheit könnten eine Ehe eingehen, und der Ehebund sei trotz des entgegenstehenden kirchlichen Gesetzes und des Gelübdes gültig, und die gegenteilige Auffassung sei nichts als eine Verurteilung der Ehe, und alle könnten eine Ehe eingehen, die nicht spüren, dass sie die Gabe der Keuschheit haben, auch wenn sie sie gelobt haben, der sei ausgeschlossen.«
>
> (Konzil zu Trient, 1563)

Eine Ehe ist nach röm.-kath. Kirchenrecht gültig, wenn die Trauung von einem bevollmächtigten Priester und zwei weiteren Zeugen vollzogen wird. Interessant ist, dass die Ehe eines Katholiken, der nur vor dem Standesbeamten – also standesamtlich – heiratet, für ungültig erklärt wird.

> »Für den Katholiken … kommt eine vor Gott und der Kirche gültige Ehe nur durch einen kirchlichen Eheabschluss zustande, es sei denn, es werde von dieser ›Formpflicht‹ ausdrücklich dispensiert. Die standesamtliche Trauung regelt nach katholischem Verständnis normalerweise nur die bürgerlichen Rechtsfolgen.«[57]

Die Praxis

In den meisten Fällen wird die Trauung in Verbindung mit einer Messe und dem Segen vollzogen. Zur eigentlichen Trauung erscheinen die Brautleute mit zwei Zeugen vor dem Priester. Nachdem die Brautleute einander nach Form und Vorschrift der Kirche als rechtmäßige Ehegatten angenommen haben, wird die Ehe von dem Priester gesegnet.

> »Im lateinischen Ritus findet die Feier der Trauung von katholischen Gläubigen … normalerweise im Verlauf der Heiligen Messe statt. In der Eucharistie vollzieht sich das Gedächtnis des neuen Bundes, in

dem Christus sich für immer mit der Kirche vereint hat, seiner gelieb-
ten Braut, für die er sich hingab. Somit ist es angemessen, dass die
Brautleute ihr Ja zur gegenseitigen Selbsthingabe dadurch besiegeln,
dass sie sich mit der Hingabe Christi an seine Kirche vereinen, die im
eucharistischen Opfer vergegenwärtigt wird, und die Eucharistie empfangen, damit sie durch die Vereinigung mit dem gleichen Leib und
dem gleichen Blut Christi in Christus nur einen Leib bilden.«[58]

Zusammenfassung

Die röm.-kath. Kirche lehrt also:

- Die Ehe ist als Sakrament von Christus eingesetzt worden.

- Sie gehört in den Rechtsbereich der Kirche.

- Sie kann durch besondere Hindernisse für unerlaubt oder
  ungültig erklärt werden.

- Sie fördert die gegenseitige Heiligung.

- Sie mehrt das Gottesvolk, und die Frau erlangt durch die
  Mutterschaft ihr Heil.

Was lehrt die Bibel?

1. Ist die Ehe als Sakrament von Christus eingesetzt worden?

Es gibt keine Bibelstelle, die ein solches Dogma stützt. Die
einzige Bibelstelle, auf die man sich beruft, ist Eph. 5,32. Der
ehemalige Priester H.J. Hegger schreibt dazu:

»Paulus will die tiefe Einheit, die zwischen Christus und seiner Gemeinde besteht, durch das Bild der Ehe verdeutlichen. Aber Christus
hat so oft Begebenheiten aus dem alltäglichen Leben benutzt, um
dadurch seine Lehre für die einfachen Menschen verständlicher zu
machen. Denken Sie z.B. an das bekannte Gleichnis vom Sämann.

Dadurch aber hat er das Säen von Weizenkörnern auf den Acker noch
nicht zu einem Sakrament erhoben.«[59]

2. Gehört die Ehe in den Rechtsbereich der Kirche?

Auch davon lesen wir in der Bibel nichts. Sowohl im AT als
auch im NT werden keine Anweisungen für eine jüdische
oder kirchliche Trauung gegeben.

Die Bibel warnt sehr deutlich vor einem »ungleichen Joch«
(2. Kor. 6,14), also vor der Ehe eines Gläubigen mit einem
Ungläubigen, gibt aber keiner Gemeinde das Recht, eine Ehe
zu schließen oder für ungültig zu erklären.

Gott hat die Obrigkeit als »Gottes Dienerin« (Röm. 13,4) zur
Wahrung der Ordnung eingesetzt. Wer sich der Obrigkeit wi-
dersetzt, widersteht der Anordnung Gottes, es sei denn, dass
die Obrigkeit etwas verlangt, was ausdrücklich gegen Gottes
Anweisungen steht, so dass man Gott mehr als den Menschen
gehorchen muss (Apg. 5,29).

Wenn daher Brautleute vor dem Standesbeamten als Vertreter
der Obrigkeit und vor weiteren Zeugen einander versprechen,
die Ehe einzugehen und die Treue zu halten, ist für die Gül-
tigkeit keine weitere kirchliche Trauung nötig. Die Ehe ist
dann bereits vor Gott und Menschen geschlossen worden.

Wenn Christen heiraten, werden natürlich die Mitchristen
Anteil an der Hochzeit nehmen, und es ist sicher ein guter
Brauch, wenn im Rahmen der Gemeinde eine Hochzeitsfeier
durchgeführt wird, in welcher das Hochzeitspaar sich gegenseitig nun auch vor Gott und der Gemeinde das Eheverspre-
chen gibt und die Gemeinde für sie betet.

Welche Konsequenzen mit dieser Lehre der röm.-kath. Kirche verbunden sind, zeigen zahlreiche tragische Beispiele der
Vergangenheit.

Der ehemalige Priester L. Vogel schildert z.B. in einem seiner Bücher einen Katholiken, der eine Protestantin heiratete. Die Ehe war harmonisch, die Kinder wurden protestantisch erzogen. Nach 38 glücklichen Ehejahren starb die Frau. Etwa sechs Jahre später wünschte der Witwer eine Katholikin zu heiraten. Für sie kam natürlich nur eine katholische Trauung in Frage, und so war der Mann gezwungen, seine vorherige vorbildliche 38-jährige Ehe als Konkubinat anzusehen und seine Kinder als unehelich zu bezeichnen.[60]

3. Mehrt die Ehe das Gottesvolk?

Da laut röm.-kath. Lehre die Wiedergeburt durch die Taufe geschieht, kann sich die katholische Kirche nur durch zahlreiche Geburten oder Übertritte vermehren. Hier liegt sicher auch eine der Ursachen für die konsequente Ablehnung der Empfängnisverhütung.

Die Bibel lehrt dagegen deutlich, dass nur durch eine bewusste Umkehr (Bekehrung) zu Gott und durch den Glauben an den Herrn Jesus ein Mensch zur Wiedergeburt kommt und damit ein Kind Gottes und Glied der Kirche wird (Joh. 3,1-21; Apg. 2,41).

Dass die Frau ihr Heil durch Kindergebären wirkt, leitet die röm.-kath. Kirche aus 1. Tim. 2,15 ab. Dort ist aber nicht die Rede von der ewigen Errettung, sondern von der zeitlichen Rettung (Hilfe) »in Kindesnöten«, also bei der Geburt. Einer gottesfürchtigen Frau wird an dieser Stelle die praktische Durchhilfe (Rettung) Gottes bei der Geburt verheißen.

Die Lehren der röm.-kath. Kirche über die Ehe zeigen also deutlich, dass der zunächst biblisch-konservativ scheinende Standpunkt zur Frage der Ehe und der Ehescheidung relativiert wird durch unbiblische Sonderlehren, die es möglich machen, von Gott anerkannte Ehen für nichtig und ungültig zu erklären.

12. Der Papst –
»Führer, Lehrer und Vater aller Christen«?

Es ist schon eigenartig, dass das eifrig gefeierte und viel diskutierte »Lutherjahr« 1983 damit ausklang, dass Papst Johannes Paul II. am 11.12.1983 in der evangelisch-lutherischen Kirche in Rom predigte und dazu noch von dem lutherischen Dekan Meyer mit »Heiligkeit« angeredet wurde.

Der damalige Ratsvorsitzende der EKD, D. Eduard Lohse, ging noch einen Schritt weiter und begann seinen Brief an den Papst mit folgender Anrede: »Eure Heiligkeit, lieber Bruder in Christus!«, und wertete die oben geschilderte Predigt des Papstes so:

> »Manche haben einen Höhepunkt des Luther-Jahres im Besuch des Bischofs von Rom in der evangelisch-lutherischen Kirche in Rom am dritten Sonntag im Advent gesehen. Zum ersten Mal stand ein Bischof von Rom am Altar und auf der Kanzel einer lutherischen Kirche. Das Vorbild, das Sie gegeben haben, und Ihr Wort von der ›Solidarität aller Christen des Advents‹ möge Nachfolger und reiche Frucht finden!«[61]

In den folgenden Jahrzehnten haben sich die Beziehungen vieler Protestanten und zahlreicher Freikirchen zur röm.-kath. Kirche und zum Papst entscheidend geändert.

Am 29.3.1994 wurde in New York eine Erklärung von prominenten Katholiken und Evangelikalen unterschrieben und veröffentlicht: »Katholiken und Evangelikale zusammen: Die christliche Mission im dritten Jahrtausend.« Auch wenn dieses Dokument keine offizielle Erklärung der Kirchen ist, so wird doch deutlich, dass ein großer Teil der Katholiken und der Evangelikalen in den nach wie vor bestehenden theologischen Unterschieden kein Hindernis mehr sehen, gemeinsam zu evangelisieren und zu missionieren.

Der gemeinsame Nenner ist das »Apostolische Glaubensbekenntnis als eine Formulierung der Wahrheit der Schrift«, und das ist Grund genug, um zu proklamieren: »Evangelikale und Katholiken sind Brüder und Schwestern in Christus …«[62]

Etwa fünf Jahre später, ausgerechnet am 31.10.1999 (Reformationstag) und dazu noch in Augsburg, wo im Jahr 1530 die von Melanchthon verfasste Bekenntnisschrift der lutherischen Kirche, die »Confessio Augustana« (Augsburger Bekenntnis) vor dem Reichstag verlesen wurde, unterzeichneten der Lutherische Weltbund und die röm.-kath. Kirche das offizielle Dokument »Gemeinsame Erklärung zur Rechtfertigungslehre«, nachdem man etwa 35 Jahre offizielle Gespräche miteinander geführt hatte. Nach der Unterzeichnung wurde von lutherischer Seite geäußert, »dass das Papsttum in Zukunft kein trennendes Element mehr zwischen Katholiken und Protestanten darstellen müsse«.

Obwohl Johannes Paul II. für das wenige Wochen später beginnende »Heilige Jahr« 2000 »vollkommenen Ablass« (»Jubiläumsablass«) denen verkündigte, die z.B. als Rom-Pilger besondere Kirchen aufsuchen, auf Rauchen, Alkohol usw. verzichten oder Geldspenden für religiöse oder soziale Dienste verrichten würden, wurde in den folgenden Jahren immer wieder von Repräsentanten verschiedener protestantischer Kirchen geäußert, dass man sich durchaus vorstellen könne, den Papst als Sprecher der Christenheit anzuerkennen.

Am 2. April 2005 starb Papst Johannes Paul II. und wurde wenige Tage später unter einer bisher beispiellosen weltweiten Anteilnahme beerdigt. Sein Nachfolger Papst Benedikt XVI. – der frühere Kardinal Joseph Ratzinger und bis zur Papstwahl »Präfekt der Heiligen Kongregation für die Glaubenslehre« – bereitete wenige Monate nach seiner Amtseinführung die »Seligsprechung« seines Vorgängers vor.

Die Wahl Kardinal Ratzingers zum Papst wurde auch von bekannten, konservativen evangelischen und freikirchlichen

Persönlichkeiten sehr positiv beurteilt. Ihm wurde eine »glasklare Theologie« bescheinigt, obwohl der frühere Theologieprofessor und Autor einer Anzahl dogmatischer Werke innerhalb der katholischen Kirche als ausgesprochen konservativ und als alles andere als reformfreudig gilt. So wurde er von dem Nachrichtenmagazin »Focus« kurz nach seiner Wahl zum Papst auf der Titelseite als »Gottes herzlicher Hardliner«[63] bezeichnet.

So war es eigentlich auch nicht verwunderlich, dass Papst Benedikt XVI. bei seiner ersten großen Auslandsreise zum Weltjugendtag im August 2005 in Köln per Dekret allen Teilnehmern unter bestimmten Voraussetzungen einen vollständigen Ablass ihrer Sündenstrafen gewährte. Ein Teilablass wurde denen zugesprochen, die nicht am Weltjugendtag teilnehmen konnten, aber in bußfertiger Haltung um ein mutiges Glaubenszeugnis der Jugendlichen beteten. »Heimfahrt ohne Sünden!« war als Überschrift einer Presse-Mitteilung zu diesem Thema in der »dpa« zu lesen.

Es macht nachdenklich, dass dieser Ablass ausgerechnet im »Land der Reformation« erlassen wurde, in welchem Martin Luther am 31. Oktober 1517 mit seinen berühmten 95 Thesen vor allem den Ablasshandel anprangerte und damit die Reformation einleitete.

Die in den letzten Jahren auffallend positiv veränderte Haltung führender konservativer protestantischer Persönlichkeiten zur röm.-kath. Kirche ist zum Teil darauf zurückzuführen, dass sowohl Papst Johannes Paul II. als auch sein Nachfolger in ethischen Fragen wie Ehe, Familie, Homosexualität, Sterbehilfe usw. im Gegensatz zu vielen protestantischen Theologen eine eindeutige und zum großen Teil biblische Position bezogen haben.

In den folgenden Ausführungen geht es nicht um die Person Joseph Ratzingers, dessen persönliche Integrität und Bescheidenheit bei aller Intellektualität sehr positiv auffällt, sondern darum, was die röm.-kath. Kirche über das Amt und die Autorität des Papstes lehrt.

Die Lehre der röm.-kath. Kirche über das Amt des Papstes

Aus der Vielfalt der Dogmen und Urkunden möchte ich einige herausgreifen, die besonders herausfordernd sind:

> »Dem römischen Papst sich zu unterwerfen, ist für alle Menschen unbedingt zum Heile notwendig: das erklären, behaupten, bestimmen und verkündigen Wir.«
>
> (Bulle von Papst Bonifaz VIII., 1302)

> »Wir bestimmen, dass der Heilige Apostolische Stuhl und der römische Bischof den Vorrang über den ganzen Erdkreis innehat, weiter, dass dieser römische Bischof Nachfolger des Heiligen Petrus, des Apostelfürsten, wahrer Stellvertreter Christi, Haupt der gesamten Kirche und Vater und Lehrer aller Christen ist.«
>
> (Konzil zu Florenz, 1438-1445)

Das Unfehlbarkeitsdogma, welches am 18.7.1870 – es war das Ende des 1. Vatikanischen Konzils unter Papst Pius IX. – proklamiert wurde, kam unter eigenartigen Umständen zustande. Ein großer Teil der in Rom versammelten Bischöfe war nicht bereit, diesem Dogma zuzustimmen.

Der größte Sturm brach aus, als Bischof J.G. Stoßmayer in der Konzils-Aula behauptete, dass es auch unter den Protestanten manche gebe, die Jesus liebten. Als er dann auch noch die Möglichkeit bestritt, dogmatische Probleme durch Mehrheitsbeschluss der Bischöfe zu entscheiden, begrub ihn die Mehrheit unter ihrem Lärm. Manche schrien: »Er ist Luzifer. Anathema, Anathema!« Wieder andere: »Er ist ein zweiter Luther, lasst ihn hinausjagen!« Pius IX. hielt Bischof Stoßmayer für einen »Schurken«, der »nach Rom gekommen sei, um Altar gegen Altar zu errichten«.[64]

Vor der Verkündigung des Dogmas reisten viele Bischöfe von Rom ab, um sich vor einer Entscheidung zu drücken. Eine Minderheit blieb zurück, um mit verzweifelter Anstrengung den Papst zum Einlenken zu bewegen. Als schließlich das Dogma verkündet wurde, blieben etwa 20% der ursprünglichen Teilnehmer der Konzilsession fern. Während die Unfehlbarkeit des Papstes proklamiert wurde, ging ein gewaltiges Gewitter über St. Peter nieder, welches von den einen als ein Ausdruck des Zornes Gottes und von den anderen als ein Zeichen seines Wohlgefallens gedeutet wurde.

»Wer daher sagt, der heilige Apostel Petrus sei nicht von Christus, dem Herrn, zum Fürsten aller Apostel und zum sichtbaren Haupt der ganzen streitenden Kirche aufgestellt worden oder er habe nur einen Vorrang der Ehre und nicht den Vorrang der wahren und eigentlichen Rechtsbefugnis von unserem Herrn Jesus Christus direkt und unmittelbar erhalten, der sei ausgeschlossen.

Wir lehren und erklären demnach: Die römische Kirche besitzt nach der Anordnung des Herrn den Vorrang der ordentlichen Gewalt über alle andern Kirchen …

Durch Bewahrung dieser Einheit mit dem römischen Bischof in der Gemeinschaft und im Bekenntnis desselben Glaubens ist so die Kirche Christi eine Herde unter einem obersten Hirten. Das ist die Lehre der katholischen Wahrheit, von der niemand abweichen kann, ohne Schaden zu leiden an seinem Glauben und an seinem Heil.

Weil der römische Bischof durch das göttliche Recht des apostolischen Vorrangs an der Spitze der gesamten Kirche steht, lehren und erklären wir auch: Der römische Bischof ist der oberste Richter aller Gläubigen, und man kann in allen Streitsachen, die kirchlicher Untersuchung zustehen, an dieses Gericht Berufung einlegen. Über das Urteil des Apostolischen Stuhls jedoch darf niemand aufs Neue verhandeln, da es keine höhere Amtsgewalt gibt, und niemandem ist es erlaubt, über dieses Gericht zu richten.

Diese Gnadengabe der Wahrheit und des nie versagenden Glaubens ist dem Petrus und seinen Nachfolgern auf diesem Stuhl von Gott verliehen worden, auf dass sie ihr erhabenes Amt zum Heil aller ausüben, dass die gesamte Herde Christi durch sie von der vergifteten Speise des Irrtums fern gehalten und mit der Speise der himmlischen Lehre genährt werde, dass jede Gelegenheit zur Spaltung beseitigt werde, die ganze Kirche einig erhalten bleibe und, gestützt auf ihre Grundfeste, stark dastehe gegen die Tore der Unterwelt.

Da es aber gerade in dieser Zeit, wo die Heil bringende Wirksamkeit des apostolischen Amts so dringend erfordert ist, nicht wenige gibt, die seiner Amtsgewalt entgegenarbeiten, halten wir es für unbedingt notwendig, den Vorzug, den der Einziggeborene Sohn Gottes mit dem höchsten Hirtenamt zu verbinden sich gewürdigt hat, feierlich zu erklären:

Wenn der römische Bischof in höchster Lehrgewalt (ex cathedra) spricht, das heißt, wenn er seines Amts als Hirt und Lehrer aller Christen waltend in höchster, apostolischer Amtsgewalt endgültig entscheidet, eine Lehre über Glauben oder Sitten sei von der ganzen Kirche festzuhalten, so besitzt er aufgrund des göttlichen Beistandes, der ihm im heiligen Petrus verheißen ist, jene Unfehlbarkeit, mit der der göttliche Erlöser seine Kirche bei endgültigen Entscheidungen in Glaubens- und Sittenlehren ausgerüstet haben wollte. Diese endgültigen Entscheidungen des römischen Bischofs sind daher aus sich und nicht aufgrund der Zustimmung der Kirche unabänderlich. Wenn sich jemand – was Gott verhüte – herausnehmen sollte, dieser unserer endgültigen Entscheidung zu widersprechen, so sei er ausgeschlossen.«

(1. Vatikanisches Konzil, 1870)

Auch das 2. Vatikanische Konzil hat sich ausdrücklich hinter das Unfehlbarkeitsdogma von 1870 gestellt:

»Diese Heilige Synode setzt den Weg des ersten Vatikanischen Konzils fort und lehrt und erklärt feierlich mit ihm, dass der ewige Hirt Jesus Christus die heilige Kirche gebaut hat, indem er die Apostel sandte, wie er selbst gesandt war vom Vater (vgl. Joh. 20,21). Er wollte, dass deren Nachfolger, das heißt die Bischöfe, in seiner Kirche bis zur Vollendung der Weltzeit Hirten sein sollten. Damit aber der Episkopat selbst einer und ungeteilt sei, hat er den heiligen Petrus an die Spitze der übrigen Apostel gestellt und in ihm ein immer währendes und sichtbares Prinzip und Fundament der Glaubenseinheit und der Gemeinschaft eingesetzt. Diese Lehre über Einrichtung, Dauer, Gewalt und Sinn des dem Bischof von Rom zukommenden heiligen Primates sowie über dessen unfehlbares Lehramt legt die Heilige Synode abermals allen Gläubigen fest zu glauben vor. Das damals Begonnene fortführend, hat sie sich entschlossen, nun die Lehre von den Bischöfen, den Nachfolgern der Apostel, die mit dem Nachfolger Petri, dem Stellvertreter Christi und sichtbaren Haupt der ganzen Kirche zusammen das Haus des lebendigen Gottes leiten, vor allen zu bekennen und zu erklären.«

(2. Vatikanisches Konzil, 1964)

Auch der »Katechismus der Katholischen Kirche« macht unmissverständlich deutlich:

»Dieser Unfehlbarkeit ... erfreut sich der Römische Bischof, das Haupt des Kollegiums der Bischöfe, kraft seines Amtes, wenn er als oberster Hirt und Lehrer aller Christgläubigen, der seine Brüder im Glauben stärkt, eine Lehre über den Glauben oder die Sitten in einem endgültigen Akt verkündet ... Die der Kirche verheißene Unfehlbarkeit wohnt auch der Körperschaft der Bischöfe inne, wenn sie das oberste Lehramt zusammen mit dem Nachfolger des Petrus ausübt, vor allem auf einem ökumenischen Konzil. Wenn die Kirche durch ihr oberstes Lehramt etwas als von Gott geoffenbart und als Lehre Christi zu glauben vorlegt, müssen die Gläubigen solchen Definitionen mit Glaubensgehorsam anhangen. Diese Unfehlbarkeit reicht so weit wie die Hinterlassenschaft der göttlichen Offenbarung.«[65]

Zusammenfassung

Mit diesen Aussagen lehrt also die röm.-kath. Kirche: Der Papst ist

- der »Stellvertreter Christi«,

- das »Haupt der gesamten Kirche«,

- der »Lehrer und Vater aller Christen«,

- der »oberste Richter aller Gläubigen« und »unfehlbar«, wenn er »ex cathedra« spricht.

Wer diese Dogmen nicht anerkennt oder davon abweicht,

- wird ausgeschlossen,

- leidet Schaden an seinem Glauben und seinem Heil.

Das Fazit aus dem allem ist: Jeder, der sich nicht dem Papst unterwirft, schließt sich nach dieser Lehre vom Heil aus, geht also ewig verloren.

Was lehrt die Bibel?

1. Wer ist nach der Heiligen Schrift »Stellvertreter Christi« auf Erden?

In einem gewissen Sinn könnte man von dem Heiligen Geist als dem Stellvertreter Christi auf Erden reden.

»... und ich werde den Vater bitten, und er wird euch einen anderen Sachwalter (Fürsprecher) geben, dass er bei euch sei in Ewigkeit« (Joh. 14,16).

»Es ist euch nützlich, dass ich weggehe, denn wenn ich nicht weggehe, wird der Sachwalter nicht zu euch kommen; wenn ich aber hingehe, werde ich ihn zu euch senden« (Joh. 16,7).

Der Heilige Geist ist der Sachwalter oder Fürsprecher, der nach der Himmelfahrt Jesu vom Vater und dem Herrn Jesus auf die Erde gesandt wurde.

Er hat die Aufgabe, *die Welt* zu überführen von

- Sünde,

- Gerechtigkeit

- und Gericht (Joh. 16,8-11).

Die Gläubigen wird er

- in die ganze Wahrheit leiten (Joh. 16,13)

- und ihnen die Herrlichkeiten Jesu zeigen (Joh. 16,14).

Da der Heilige Geist in der Gemeinde und in jedem Gläubigen wohnt (1. Kor. 3,16; 6,19), ist jeder Christ ein Botschafter, Gesandter oder Stellvertreter Christi (vgl. 2. Kor. 5,20).

Der Herr Jesus wird also auf der Erde vertreten durch

- den Heiligen Geist,

- durch Seine Gemeinde,

- durch jeden Gläubigen.

2. Wen sieht die Heilige Schrift als »Haupt der ganzen Kirche«?

Die Bibel kennt nur ein Haupt der Kirche, und das ist JESUS CHRISTUS.

»... und hat alles seinen Füßen unterworfen und ihn (Christus) als Haupt über alles der Versammlung gegeben« (Eph. 1,22).

»... wie auch der Christus das Haupt der Gemeinde ist; er ist des Leibes Heiland« (Eph. 5,23).

»Und er ist das Haupt des Leibes, der Versammlung« (Kol. 1,18).

3. Wer ist nach der Heiligen Schrift der »Lehrer« und »Vater« aller Christen?

Zwei von den vielen Stellen, die Gott als den Vater aller Gläubigen bezeichnen, sind:

»Ich fahre auf zu meinem Vater und eurem Vater, und zu meinem Gott und eurem Gott« (Joh. 20,17).

»Gnade euch und Friede von Gott, unserem Vater« (Kol. 1,2).

Gott hat uns durch das Wort der Wahrheit gezeugt (Jak. 1,18), wir sind nun Kinder Gottes (1. Joh. 3,1-2), haben den Geist der Sohnschaft empfangen (Röm. 8,15) und können zu Gott »Abba, *Vater«* (Gal. 4,6) sagen.

Bereits in Matth. 23,9 hat der Herr den Jüngern geboten, niemanden auf der Erde *»euren Vater«* zu nennen, *»denn einer ist euer Vater, der in den Himmeln ist«.*

Lehrer der Christen ist der Heilige Geist, der uns *»in die ganze Wahrheit leitet«* (Joh. 16,13) und *»alles lehrt«* (Joh. 14,26). Außerdem hat der Herr seiner Gemeinde Lehrer gegeben, die, geleitet vom Heiligen Geist, das *»Wort der Wahrheit recht teilen«* (2. Tim. 2,15).

4. Wen bezeichnet die Heilige Schrift als »Richter aller Gläubigen«?

»Und er hat uns befohlen zu predigen und ernstlich zu bezeugen, dass er (Christus) der von Gott verordnete Richter der Lebendigen und der Toten ist« (Apg. 10,42).

»Einer ist der Gesetzgeber und Richter, der zu erretten und zu verderben vermag« (Jak. 4,12; vgl. 2. Tim. 4,8; Hebr. 12,23).

Die röm.-kath. Lehre, dass der Papst »oberster Richter aller Gläubigen« sei, leugnet die alleinige Autorität Gottes als Richter aller Menschen und setzt einen sündigen Menschen an die Stelle Gottes!

Wenn schließlich die röm.-kath. Kirche lehrt, dass die Unter-
werfung unter den Papst heilsnotwendig sei, kann man nach-
vollziehen, dass Martin Luther ausrief:

> »… so soll niemand daran zweifeln, der Papst sei Gottes Feind, Christi
> Verfolger, der Christenheit Zerstörer und der rechte Antichrist!«
>
> (Schrift wider die Bulle des Antichristen)

**Auch wenn man dieses Urteil nicht uneingeschränkt wie-
derholen kann, so sollte man doch bedenken, wie die Bibel
darüber urteilt, wenn einem sündigen Menschen Attribute
zugesprochen werden wie »Heiliger Vater«, »Oberster
Richter aller Gläubigen«, »Stellvertreter Christi«. Das alles sind Ehrbezeugungen, die Gott dem Vater, Gott dem
Sohn und Gott dem Heiligen Geist allein zustehen.**

13. Maria –
Begnadigte oder »Mittlerin der Gnade«?

Im Rahmen dieses Buches möchte ich bei der Behandlung der röm.-kath. Lehre über Maria nicht auf den heidnischen Hintergrund des Marienkultes eingehen (Himmelskönigin der Babylonier, Isis und Osiris der Ägypter usw.). Wer sich dafür interessiert, sollte das Werk von A. Hislop »Von Babylon nach Rom« lesen.

Auch geht es mir hier nicht um die zahlreichen »Marienerscheinungen« in Lourdes, Fatima usw., die meiner Überzeugung nach okkulten Ursprungs sind, noch um die besondere Beziehung der Päpste zu Maria. Bekanntlich wählte der »Jahrtausendpapst« – Johannes Paul II. – als Motto für sein Leben die Worte »totus tuus«, d.h. »ganz der deine« (ganz Maria ergeben).

Das Zeichen »M« (für Maria) war auch in auffallender Größe auf seinem Sarg zu erkennen.

In seinem Buch »Die Mutter des Erlösers« (Christiana, S. 48) hatte er schon 1987 erklärt:

> »Die mütterliche Mittlerschaft der Magd des Herrn hat mit dem Erlösertod ihres Sohnes eine universelle Dimension erlangt, weil das Werk der Erlösung alle Menschen umfasst ... Die Kirche verehrt Maria als geistige Mutter der Menschheit und Fürsprecherin der Gnade.«[66]

Allerdings hat er dem von vielen Katholiken seit Jahrhunderten ausgesprochenen Wunsch, die »Miterlöserschaft Marias« auch offiziell als unfehlbares Dogma zu definieren und zu verkündigen, nicht entsprochen.

Ich möchte mich auf einige wichtige röm.-kath. Lehrurkunden und Dokumente zur Mariologie beschränken.

Im Laufe der Jahrhunderte haben sich eine Anzahl Titel für Maria angesammelt, die einen Eindruck von der großen Bedeutung Marias für die röm.-kath. Kirche geben: »Schlangenzertreterin«, »Mittlerin zum Mittler«, »Gottesgebärerin«, »Gottesmutter«, »Mutter der Kirche«, »Mutter der Barmherzigkeit«, »Mutter und Königin der Welt«, »Fürsprecherin«, »Mittlerin der Gnade«, »Himmelskönigin« usw.

Bereits im Jahr 534 entschied Papst Johannes II.: »Die glorreiche, heilige, immer während Jungfrau Maria ist im eigentlichen und wahren Sinne Gottesmutter.«[67]

649 wurde auf der römischen Kirchenversammlung unter Papst Martin entschieden:

>»Wer nicht mit den heiligen Vätern im eigentlichen und wahren Sinne die heilige und immer jungfräuliche und unbefleckte Maria als Gottesgebärerin bekennt, da sie eigentlich und wahrhaftig das göttliche Wort selbst, das vom Vater vor aller Zeit gezeugte, in den letzten Zeiten, ohne Samen, vom Heiligen Geiste empfangen und unversehrt geboren hat, indem unverletzt blieb ihre Jungfrauschaft auch nach der Geburt: der sei verworfen.«[68]

1854 wurde das Dogma von der »unbefleckten Empfängnis« durch Papst Pius IX. als unfehlbar erklärt. Der Inhalt dieser Erklärung sagt aus, dass Maria keinen Augenblick ihres Daseins unter der Herrschaft der Sünde gestanden habe und damit die einzige Ausnahme vom Gesetz der Sünde (sog. »Erbsünde«) darstellt.

>»Zur Ehre der Heiligen und ungeteilten Dreifaltigkeit, zur Zierde und Verherrlichung der jungfräulichen Gottesgebärerin, zur Erhöhung des katholischen Glaubens und zum Wachstum der christlichen Religion erklären, verkünden und bestimmen Wir in Vollmacht unseres Herrn Jesus Christus, der seligen Apostel Petrus und Paulus und in Unserer eigenen:

Die Lehre, dass die seligste Jungfrau Maria im ersten Augenblick ihrer Empfängnis durch einzigartiges Gnadengeschenk und Vorrecht des allmächtigen Gottes, im Hinblick auf die Verdienste Christi Jesu, des Erlösers des Menschengeschlechts, von jedem Fehl der Erbsünde rein bewahrt blieb, ist von Gott geoffenbart und deshalb von allen Gläubigen fest und standhaft zu glauben.

Wenn sich deshalb jemand, was Gott verhüte, anmaßt, anders zu denken, als es von Uns bestimmt wurde, so soll er klar wissen, dass er durch eigenen Urteilsspruch verurteilt ist, dass er an seinem Glauben Schiffbruch litt und von der Einheit der Kirche abfiel, ferner, dass er sich ohne weiteres die rechtlich festgesetzten Strafen zuzieht, wenn er in Wort oder Schrift oder sonstwie seine Auffassung äußerlich kundzugeben wagt.«[69]

1892 richtete Papst Leo XIII. ein Rundschreiben an die Katholiken, das die Mittlerschaft Marias behandelt:

»Wenn wir betend zu Maria fliehen, so fliehen wir zur Mutter der Barmherzigkeit. Sie ist ja so gegen uns gesinnt, dass sie uns sogleich und gern in jeder Not, die uns drückt, besonders wenn es um unser ewiges Heil geht, Hilfe bringt, auch wenn wir sie gar nicht anrufen, und dass sie uns aus dem Schatz der Gnade beschenkt, mit der sie von Anbeginn ihres Daseins überreich von Gott beschenkt wurde, damit sie seine würdige Mutter werde.

Denn durch diese Gnadenfülle, den herrlichsten aller Vorzüge der Jungfrau, steht sie hoch über allen Ordnungen der Engel und Menschen und ist allein von allen Christus am nächsten. ›Denn es ist etwas Großes in jedem Heiligen, wenn er so viel Gnade besitzt, dass sie ausreicht für das Heil vieler. Das Größte aber wäre, so viel Gnade zu besitzen, dass sie ausreichte für das Heil aller Menschen auf Erden. So ist es in Christus und der seligen Jungfrau‹ (Thomas von Aquin).«[70]

1943 begründete Papst Pius XII. die Bedeutung und »Gnadenfülle« Marias für das Heil der Menschen so:

»... Sie hat, frei von jeder persönlichen oder erblichen Verschuldung und immer mit ihrem Sohn aufs Innigste verbunden, Ihn auf Golgatha zusammen mit dem gänzlichen Opfer ihrer Mutterrechte und ihrer Mutterliebe dem Ewigen Vater dargebracht als neue Eva für alle Kinder Adams, die von dessen traurigem Fall entstellt waren. So ward sie, schon zuvor Mutter unseres Hauptes dem Leibe nach, nun auch aufgrund eines neuen Titels des Leids und der Ehre im Geiste Mutter aller seiner Glieder. Sie war es, die durch ihre mächtige Fürbitte erlangte, dass der schon am Kreuz geschenkte Geist des göttlichen Erlösers am Pfingsttag der neugeborenen Kirche in wunderbaren Gaben gespendet wurde. Sie hat endlich dadurch, dass sie ihr namenloses Leid tapfer und vertrauensvoll trug, mehr als alle Christgläubigen zusammen, als wahre Königin der Märtyrer ergänzt, was an den Leiden Christi noch fehlt ... für seinen Leib, die Kirche (Kol. 1,24) ...«[71]

1950 verkündete Papst Pius XII. das Dogma von der leiblichen Aufnahme Marias in den Himmel. Bei dieser Gelegenheit betete er: »Wir glauben in der ganzen Glut unseres Herzens, dass du mit Leib und Seele glorreich in den Himmel aufgenommen bist.«

Die theologische Begründung dieser Lehre ist wirklich verblüffend:

»Weil nun unser Erlöser der Sohn Marias ist, musste er, der vollkommenste Beobachter des Gesetzes, in der Tat wie den Vater, so auch seine liebe Mutter ehren. Da er ihr die große Ehre erweisen konnte, sie vor der Verwesung des Todes zu bewahren, muss man also glauben, dass er es wirklich getan hat.«[72]

Weiter wird erklärt:

»Nachdem Wir nun immer wieder inständig zu Gott gefleht und den Geist der Wahrheit angerufen haben, verkünden, erklären und definieren Wir zur Verherrlichung des allmächtigen Gottes, dessen ganz besonderes Wohlwollen über der Jungfrau Maria gewaltet hat, zur Ehre seines Sohnes, des unsterblichen Königs der Ewigkeit, des Siegers über Sünde und Tod, zur Mehrung der Herrlichkeit der erhabenen Gottesmutter, zur Freude und zum Jubel der ganzen Kirche, in Kraft der Voll-

macht unseres Herrn Jesus Christus, der heiligen Apostel Petrus und
Paulus und Unserer eigenen Vollmacht: Es ist eine von Gott geoffenbarte Glaubenswahrheit, dass die unbefleckte, immer jungfräuliche Gottesmutter Maria nach Vollendung ihres irdischen Lebenslaufes mit Leib
und Seele zur himmlischen Herrlichkeit aufgenommen worden ist.
Wenn daher, was Gott verhüte, jemand diese Wahrheit, die von Uns
definiert worden ist, zu leugnen oder bewusst in Zweifel zu ziehen
wagt, so soll er wissen, dass er vollständig vom göttlichen und katholischen Glauben abgefallen ist.«[73]

1954 auf dem Katholikentag in Fulda wurde Deutschland von
Kardinal Frings dem »unbefleckten Herzen« Marias geweiht;
25 Jahre später wurde diese Weihe in Fulda wiederholt und
die »Mutter Gottes« gebeten, »wieder Deutschlands milde
Königin wie in der Väter Zeiten« zu werden.

Bereits 1952 weihte Papst Pius XII. die ganze Welt dem »unbefleckten Herz der Maria«.

Zusammenfassung

Die röm.-kath. Kirche lehrt also:

• Maria war zeitlebens ohne Sünde.

• Sie ist die »immer jungfräuliche Gottesgebärerin«.

• Sie ist leibhaftig in den Himmel aufgenommen worden.

• Sie ist »Mutter der Kirche« und »Mittlerin zum Mittler«.

Wer diese Dogmen nicht anerkennt, ist nach röm.-kath. Lehre
vom göttlichen und katholischen Glauben abgefallen, hat im
Glauben Schiffbruch erlitten und hat sich die rechtlich festgesetzten Strafen zugezogen.

Was lehrt die Bibel?

1. War Maria ohne Sünde?

Maria wird »Begnadigte« oder »gesegnet unter den Frauen« (Luk. 1,28) genannt, womit deutlich wird, dass sie der Gnade und des Segens bedurfte. Sie selbst nennt Gott ihren »Heiland« (Luk. 1,47) und spricht damit ihre eigene Erlösungsbedürftigkeit aus.

Die Bibel lehrt eindeutig:

»... *alle haben gesündigt*« (Röm. 3,23).

»... *da ist kein Gerechter, auch nicht einer*« (Röm. 3,10).

»... *da ist keiner, der Gutes tue, da ist auch nicht einer*« (Röm. 3,12).

»... *der Tod ist zu allen Menschen durchgedrungen, weil alle gesündigt haben*« (Röm. 5,12).

Die Lehre der Sündlosigkeit Marias ist eine Erfindung der röm.-kath. Kirche, die im deutlichen Widerspruch zu den Lehren der Bibel über die Verlorenheit aller Menschen steht. Gott hätte nicht den Einen, der ohne Sünde war, keine Sünde kannte und keine Sünde tat – unseren Herrn Jesus – als Opfer und Lösegeld hingegeben, wenn es einen Menschen gegeben hätte, der die Sündlosigkeit, als Voraussetzung für die Stellvertretung und Erlösung, besessen hätte.

Die Irrlehre von der Sündlosigkeit Marias musste aber aufgestellt werden, um eine Grundlage für alle weiteren Mariendogmen zu schaffen.

2. Ist Maria die »immer jungfräuliche Gottesgebärerin«?

Das NT zeigt eindeutig, dass Maria nach der Geburt Jesu weitere Söhne und Töchter geboren hat (vgl. auch Matth. 1,24-25).

»Ist dieser nicht der Zimmermann, der Sohn der Maria, und ein Bruder des Jakobus und Joses und Judas und Simon? und sind nicht seine Schwestern hier bei uns?« (Mark. 6,3).

»... siehe, da standen seine Mutter und seine Brüder draußen und suchten ihn zu sprechen« (Matth. 12,46).

»... denn auch seine Brüder glaubten nicht an ihn« (Joh. 7,5).

»Diese alle verharrten einmütig im Gebet mit etlichen Frauen und Maria, der Mutter Jesu, und mit seinen Brüdern« (Apg. 1,14).

»Ich sah aber keinen anderen Apostel, außer Jakobus, den Bruder des Herrn« (Gal. 1,19).

Was den Titel »Gottesgebärerin« oder »Mutter Gottes« betrifft, so gibt es ebenfalls keine Stelle im NT, wo Maria so bezeichnet wird. Alle Stellen, wo Maria in Verbindung mit Jesus genannt wird, berichten ausschließlich von der *»Mutter Jesu«* (Joh. 2,2; 19,25; Apg. 1,14).

Es ist auch sicher nicht ohne Bedeutung, dass der Herr an keiner einzigen Stelle Maria mit »Mutter« anredet, sondern immer mit »Frau« (Joh. 2,4; 19,26).

Besonders Joh. 19,26 macht deutlich, dass Maria in diesem Zusammenhang in keiner Weise eine Bevorzugung unter den Gläubigen hat:

»Als nun Jesus die Mutter sah und den Jünger, welchen er liebte, dabeistehen, spricht er zu seiner Mutter: Frau, sie-

he, dein Sohn! Dann spricht er zu dem Jünger: Siehe, deine Mutter!«

Schon allein diese Worte schließen jede Marienverehrung aus. Alle natürlichen, menschlichen Beziehungen sind durch die neue Schöpfung verändert worden.

»Daher kennen wir von nun an niemand nach dem Fleische; wenn wir aber auch Christus nach dem Fleische gekannt haben, so kennen wir ihn doch jetzt nicht mehr also« (2. Kor. 5,16).

3. Ist Maria leibhaftig in den Himmel aufgenommen worden?

Dieses jüngste Mariendogma ist, wie die übrigen, eine unbiblische Lehre, die keinerlei Belege in der Bibel findet, sondern Ergebnis einer Philosophie ist.

Über den Tod der Maria schweigt das NT ebenso wie über den Tod der meisten Apostel. Die einzigen Personen, die nicht durch den Tod gegangen sind, werden in der Heiligen Schrift ausdrücklich erwähnt: Henoch (Hebr. 11,5) und Elia (2. Kön. 2,11).

Maria ist wie alle übrigen Gläubigen gestorben, um im Paradies mit allen Erlösten bei Christus zu sein (Phil. 1,23).

4. Ist Maria »Mutter der Kirche« und »Mittlerin zum Mittler«?

Diese Dogmen machen deutlich, dass Maria zum Abgott der Katholiken geworden ist und an die Stelle unseres Herrn Jesus gerückt wird.

Die röm.-kath. Kirche lehrt, dass Jesus seiner Mutter keine Bitte abschlagen würde und sie deswegen als »Fürsprecherin« oder »Mittlerin« anzubeten sei. Die Kirche lehrt, dass der Herr uns zu hoch und zu fern sei und wir deshalb einer mitfühlenden, weiblichen Person bedürfen, die Fürsprache für uns einlegt.

Im Gegensatz zu diesen Lehren weiß jeder Bibelleser, dass Maria von Jesus sehr deutlich und bestimmt zurechtgewiesen wurde, als sie versuchte, auf seinen Dienst Einfluss zu nehmen.

»Was habe ich mit dir zu schaffen, Frau?« (Joh. 2,4).

»Und es sprach einer zu ihm: Siehe, deine Mutter und deine Brüder stehen draußen und suchen dich zu sprechen. Er aber antwortete und sprach zu dem, der es ihm sagte: Wer ist meine Mutter, und wer sind meine Brüder? ... wer irgend den Willen meines Vaters tun wird, der in den Himmeln ist, derselbe ist mein Bruder und meine Schwester und meine Mutter« (Matth. 12,48-50).

Die Bibel lehrt eindeutig:

- Mittler ist allein Jesus Christus (1. Tim. 2,5).

- Fürsprecher ist allein Jesus Christus (Röm. 8,34; 1. Joh. 2,1).

- Dieser Fürsprecher wird in Hebr. 2,17 und 4,15 als einer beschrieben, der voller Barmherzigkeit und Mitgefühl ist.

Es wird also deutlich, dass diese schriftwidrigen Mariendogmen das Vertrauen zu unserem Herrn Jesus zerstören. Sie erheben ein sündiges Geschöpf an die Stelle Gottes und erniedrigen den Schöpfer.

J.N. Darby, ein ehemaliger anglikanischer Priester, schreibt sehr treffend dazu:

»Ist Marias Herz denn empfindsamer und herablassen-
der, als das Herz dessen es war, welcher sich vom Himmel bis zu uns herab erniedrigte, um uns von Seiner Liebe zu überzeugen? ... O nein, ich ziehe Sein eigenes Herz
vor; ich habe gesehen und gelernt, wie sich dieses Herz
in Seinem Leben hienieden zeigte. Ich kann mich Ihm
anvertrauen, mehr als irgendeinem anderen, wer es auch
sein möge. Nur aus Seinem Herzen ist das Lebensblut für
mich vergossen worden. Ich vertraue Seiner Güte mehr
als der Güte einer Maria und aller Heiligen, mögen diese
in ihrem Bereich noch so gesegnet gewesen sein!

Nein, die Lehre von den vielen Mittlern und von der Jungfrau Maria als der einen, durch deren Herz ich Jesus zu
nahen habe, ist Unglaube gegenüber der Gnade Christi;
sie verleugnet Seine Herrlichkeit als die des mitfühlenden
Hohenpriesters.«[74]

14. Nach dem Tod –
im »Fegefeuer« oder »bei Christus«?

Bevor wir die Lehre der röm.-kath. Kirche über das »Fege-feuer« oder den »Reinigungsort« (»Purgatorium«) untersu-chen, möchte ich noch einmal in Erinnerung rufen, was die röm.-kath. Kirche über Sünde, Buße und Ablass lehrt:

- Durch die Buße (Beichte) werde die Schuld der Sünde ausgelöscht, so dass kein Grund mehr vorhanden sei, we-gen dieser Sünde die ewige Strafe, die Verdammnis, zu befürchten.

- Die »zeitliche Sündenstrafe« für die begangene und ge-beichtete Sünde muss jedoch nach röm.-kath. Lehre in diesem Leben durch gute Werke, oder aber im Fegefeuer durch Qualen, abgebüßt werden.

- Die Buße bewirkt nach dieser Auffassung also nicht eine völlige Vergebung, sondern zieht eine zeitliche Strafe für die Sünde nach sich.

Stirbt nun ein Katholik, so soll er noch den Rest zeitlicher Sündenstrafen im »Fegefeuer« zu tilgen haben. Diese Zeit könne verkürzt werden, wenn lebende Gläubige durch »gute Werke«, Frömmigkeitsübungen usw. ihre Verdienste den »ar-men Seelen« zuwenden.

> »Erleuchtet vom Heiligen Geiste, schöpfend aus der Heiligen Schrift
> und der alten Überlieferung der Väter, hat die katholische Kirche auf
> den heiligen Konzilien und zuletzt auf dieser Allgemeinen Versamm-
> lung gelehrt: Es gibt einen Reinigungsort, und die dort festgehaltenen
> Seelen finden eine Hilfe in den Fürbitten der Gläubigen, vor allem aber
> in dem Gott wohlgefälligen Opfer des Altars.«
>
> (Konzil zu Trient, 1563)

»… Nach der Lehre der göttlichen Offenbarung folgen aus den Sünden von Gottes Heiligkeit und Gerechtigkeit auferlegte Strafen. Sie müssen in dieser Welt durch Leiden, Not und Mühsal des Lebens und besonders durch den Tod, oder in der künftigen Welt durch Feuer und Qual oder Reinigungsstrafen abgebüßt werden.

… Dass auch nach der Sündenvergebung noch Strafen abzubüßen und Überbleibsel der Sünden zu tilgen bleiben können und oft tatsächlich bleiben, zeigt ganz deutlich die Lehre vom Reinigungsort.«

(Apost. Konstitution über die Neuordnung des Ablasswesens, 1967)

»Der Ablass ist eine außerhalb des Bußsakraments gewährte Nachlassung (vollständige oder teilweise: plenaria vel partialis) der nach dem Sündenerlass zurückgebliebenen zeitlichen Sündenstrafen; sie wird aufgrund gewisser Bußwerke durch die kirchliche Schlüsselgewalt aus dem Genugtuungsschatz der Kirche (Christi und der Heiligen) den Lebendigen direkt, den Verstorbenen fürbittweise zugewendet.«[75]

Der »Kirchenschatz«

Die Kirche verfügt nach röm.-kath. Lehre über einen »Schatz von Verdiensten«, der durch das »Opfer des Erlösers«, die »unendlichen Verdienste Marias« und durch die Verdienste vieler bekannter und unbekannter Heiliger, die sich mehr Verdienste erworben haben, als sie für ihre eigene Seele benötigen, zusammenkommt. Die Kirche kann nun aus diesem Schatz, der ihr zur Verwaltung anvertraut sei, Ablass an Bedürftige austeilen.

»Ablass ist ein Nachlass von Strafen, die wir noch abbüßen müssen für solche Sünden, deren Schuld bereits durch das Bußsakrament von uns genommen ist. Dieser Strafnachlass findet dadurch statt, dass die Kirche der Seele des reuigen Sünders etwas vom ›Schatz der Verdienste‹ zukommen lässt, den sie besitzt.«[76]

»Gott kann vom Schuldenkonto eines Sünders alles abziehen, was die Märtyrer für diesen erbeten und die Bischöfe getan haben.«[77]

Verdienste, welche nach röm.-kath. Lehre die Strafe der »armen Seelen« im Fegefeuer verkürzen, sind: das Messopfer (Eucharistiefeier für Verstorbene), Besuch von Wallfahrtsorten, Gebete, Almosen, »Abtötung«, Selbstkasteiung und sonstige Frömmigkeitsübungen.

Menschen, die ohne Sünden und Sündenstrafen sterben, kommen nach röm.-kath. Lehre nicht ins Fegefeuer, sondern direkt in den Himmel. Zu diesen Menschen gehören Apostel, Märtyrer, Bekenner usw., andererseits solche, die direkt nach Empfang der Taufe sterben.

> »Die Seelen der Kinder aber, die nach der Taufe, und die Seelen der Erwachsenen, die in der Liebe sterben, von keiner Sünde behaftet und zu keinerlei Genugtuung dafür gehalten sind, eilen geradewegs in die ewige Heimat hinüber.«
>
> (Papst Innozenz IV., 1254)

> »Die Seelen aller Heiligen, die aus dieser Welt vor dem Leiden unseres Herrn Jesus Christus hinweggegangen sind, und (die Seelen) der heiligen Apostel, Märtyrer, Bekenner, Jungfrauen und der anderen Gläubigen, die nach Empfang der heiligen Taufe Christi gestorben sind und in denen beim Tode nichts zu reinigen war oder nichts zu reinigen sein wird oder die nach dem Tode gereinigt worden sind, wenn etwas in ihnen damals zu reinigen war oder in Zukunft sein wird, und die Seelen der Kinder, die durch dieselbe Taufe Christi schon wiedergeboren sind oder die jemals getauft werden, wenn sie nach der Taufe vor dem Gebrauch des freien Willens sterben: (diese also) waren, sind und werden sein im Himmel und im Paradies sofort nach ihrem Tod …«
>
> (Papst Benedikt XII., 1336)

Menschen, die ungetauft und in schwerer Sünde sterben, kommen nach röm.-kath. Lehre direkt in die Hölle.

> »Ferner bestimmen Wir: Wie Gott allgemein angeordnet hat, steigen die Seelen derer, die in einer tatsächlichen schweren Sünde verscheiden, sofort in die Hölle hinab, wo sie von höllischen Qualen gepeinigt werden.

Wer aber ohne Buße in der Todsünde stirbt, wird ohne Zweifel von der Glut der ewigen Hölle auf immer gepeinigt.«

(Papst Benedikt XII., 1336)

Die Konsequenzen

Da der röm.-kath. Gläubige in Ungewissheit gehalten wird, ob und wie viel Sündenstrafen nach seinem Tod noch abzubüßen sind, kennt er keine Heilsgewissheit.

Weil die Werke der Gläubigen zur Erlangung der »Rechtfertigungsgnade« gefordert werden und jede Sünde, die nicht gebüßt wird, zur Hölle verdammt, lebt der gewissenhafte röm.-kath. Gläubige in einer ständigen Ungewissheit und Angst vor der Ewigkeit. Diese Furcht wird zudem noch durch Drohungen genährt, welche Heilsgewissheit und alleiniges Vertrauen auf die Gnade Gottes verdammen.

»Wer sagt, stets werde mit der Schuld auch die gesamte Strafe von Gott erlassen und die Genugtuung der Büßenden sei nichts als der Glaube, mit dem sie fest annehmen, dass Christus für sie genug getan habe, der sei ausgeschlossen.«

(Konzil zu Trient, 1551)

»Denn wie kein Christ an Gottes Barmherzigkeit, an Christi Verdienst, an der Kraft und Wirksamkeit der Sakramente zweifeln darf, so kann er doch im Blick auf sich, seine Schwäche und mangelnde Bereitung um seine Begnadung bangen und fürchten; kann doch keiner mit der Sicherheit des Glaubens, dem kein Irrtum unterlaufen kann, wissen, dass er Gottes Gnade erlangte.

Wer behauptet, dass der sündige Mensch durch den Glauben allein gerechtfertigt werde, und darunter versteht, dass nichts anderes als Mitwirkung zur Erlangung der Rechtfertigungsgnade erfordert werde und dass es in keiner Weise notwendig sei, sich durch die eigene Willenstätigkeit zuzurüsten und zu bereiten, der sei ausgeschlossen.

Wer behauptet, der rechtfertigende Glaube sei nichts anderes als das Vertrauen auf die göttliche Barmherzigkeit, die um Christi willen die

Sünden nachlässt, oder dieses Vertrauen allein sei es, wodurch wir gerechtfertigt werden, der sei ausgeschlossen.«

(Konzil zu Trient, 1547)

Zusammenfassung

Die röm.-kath. Kirche lehrt also:

- Außerhalb von Himmel und Hades gibt es einen »Reinigungsort«.

- Verstorbene Gläubige müssen im Fegefeuer zeitliche Sündenstrafen abbüßen.

- Die Reinigungszeit der Seele im Fegefeuer kann durch Verdienste der noch lebenden Gläubigen oder bereits verstorbener Heiliger verkürzt werden.

Was lehrt die Bibel?

1. Gibt es einen »Reinigungsort«?

In der Bibel gibt es keine Stelle, die ein »Fegefeuer« nach dem Tod andeutet. Als einzigen biblischen Beleg für diese Vorstellung benutzt die röm.-kath. Kirche 1. Kor. 3,13, wo Paulus von einem Tag spricht, an welchem die Werke der Gläubigen im Feuer geprüft werden.

Aus 2. Kor. 5,10 wird deutlich, dass es hier um den »Richterstuhl Christi« geht, vor dem alle Menschen und an dieser Stelle zuerst die Gläubigen offenbar werden. Die Werke der Gläubigen werden dort geprüft, ob sie der Heiligkeit Gottes standhalten. Hier geht es um »Lohn« für das, was wir in unserem Leben für den Herrn tun durften, und in keiner Weise um ein Abbüßen von Sündenstrafen. Die Bibel lehrt deutlich, dass die Seelen der verstorbenen Gläubigen im »Paradies«

sind. Paulus hatte Lust abzuscheiden, um »bei Christus« zu sein (Phil. 1,23). Lazarus wurde nach seinem Tod direkt in den »Schoß Abrahams« getragen (Luk. 16,22). Diese drei Umschreibungen werden für den Ort gebraucht, wo die Erlösten nach ihrem Tod sein werden.

Dem mitgekreuzigten Schächer verheißt der Herr Jesus Christus selber: »Heute wirst du mit mir im Paradies sein« (Luk. 23,43). Dieser Mann, der ein Mörder war, hätte sicher nach röm.-kath. Auffassung lange Sündenstrafen im Fegefeuer ableisten müssen. Die Tatsache, dass er nach seinem Tod mit Christus im Paradies sein würde, macht deutlich, dass das Opfer Christi ausreicht und Gottes Vergebung keine Sündenstrafen offen lässt.

2. Gibt es »Verdienste der Heiligen«?

Der ehemalige röm.-kath. Priester Dr. H.J. Hegger hat auf diese Frage geantwortet:

> »In der gesamten Schrift finden wir überhaupt keine Spur einer solchen ›Schatzkammer‹ aus dem Verdienstüberfluss gläubiger Menschen. Dieses ist ganz und gar eine menschliche Erfindung. Ist es nicht fürchterlich, dass die Päpste sich eine solche Macht anmaßen? Die Ablässe sind falsche Banknoten. Sie sind in keiner Weise gedeckt. Und trotzdem hat die Lehre des Ablasses Milliarden eingebracht für die Päpste. Auch in dem ›Heiligen Jahr‹ 1983/84 gab es Millionen Katholiken, die nach Rom reisten, um dort durch den Besuch der vier dazu bestimmten Kirchen den vollen Ablass zu verdienen und so, wenigstens indirekt, zu helfen, die finanzielle Schatzkammer des Vatikan zu füllen.

Der Ablass wurde Grund der Kirchenspaltung in Europa und in der ganzen Welt. Trotzdem beharren die Päpste auf diesem Irrweg.

Wenn der Papst über die Macht verfügt, mittels Ablässen die angeblich jetzt im Fegefeuer brennenden Seelen daraus zu erlösen, warum schenkt er dann nur Teilablässe und nur ab und zu einen vollen Ablass? Wenn einer weiß, dass ein Mensch am Verbrennen ist, warum lässt er ihn auch nur eine Sekunde länger Pein leiden? Warum lässt man die Leute nach Rom reisen, um dort einen vollen Ablass zu verdienen? Warum solch eine Verzögerung, während – nach der Lehre Roms – die Seelen in den Flammen des Fegefeuers schreien?

Die Gnade Christi und die Vergebung unserer Schuld gegenüber Gott wird auf diese Weise zum Handelsobjekt degradiert. Wo bleibt so das tief-persönliche Verhältnis zu Gott, zu dem uns die Bibel auffordert? Wie weit ist doch diese ganze Lehre und Praxis entfernt von der strahlenden Liebe Gottes, die uns in Jesus Christus offenbart wird! Wie ganz anders zeichnet uns Christus Seinen himmlischen Vater im Gleichnis vom verlorenen Sohn (Luk. 15)!«[78]

Von einem Schatz der Kirche, aus dem sie Ablass verteilen kann, findet man im NT keine Belege. Alle Werke der Gläubigen haben nur Wert in Gottes Augen, wenn sie im Glauben und aus dankbarer Liebe heraus gewirkt wurden. Auch wenn wir alles getan haben, was uns befohlen war, sind wir »unnütze Knechte« (Luk. 17,10). Alles, was vor Gott bestehen kann, ist durch Ihn gewirkt worden und konnte nur in Seiner Kraft getan werden. Es gibt keinen Verdienst vor Gott, dessen wir uns rühmen können.

»Denn wir sind sein Werk, geschaffen in Christus Jesus zu guten Werken, welche Gott zuvor bereitet hat, auf dass wir in ihnen wandeln sollen« (Eph. 2,10).

»Dem aber, der wirkt, wird der Lohn nicht nach Gnade zugerechnet, sondern nach Schuldigkeit. Dem aber, der nicht wirkt, sondern an den glaubt, der den Gottlosen rechtfertigt, wird sein Glaube zur Gerechtigkeit gerechnet« (Röm. 4,4-5).

Auch unsere »guten Werke« bedürfen der Vergebung, und

Luther traf den Kern der Sache, wenn er sagte: »In jedem guten Werk sündigt der Gerechte«, und der bekannte Erweckungsprediger C.H. Spurgeon äußerte in einer Predigt:

> »Ich habe oft gewünscht, mein Leben wieder von vorne anfangen zu können, aber jetzt tut es mir Leid, dass mein stolzes Herz sich einen solchen Wunsch erlaubt hat, denn aller Wahrscheinlichkeit nach würde das zweite Mal noch schlechter sein. Was die Gnade für mich getan hat, erkenne ich mit tiefer Dankbarkeit an, aber für das, was ich selbst getan habe, bitte ich um Vergebung. Ich bitte Gott, mir meine Gebete zu vergeben, denn sie sind voller Mängel. Ich bitte Gott, selbst dieses Bekenntnis mir zu vergeben, denn es ist nicht so demütig, wie es sein sollte. Ich bitte Ihn, meine Tränen zu waschen und meine Andacht zu reinigen und mich mit meinem Heiland in den Tod zu begraben.
> O Herr, Du weißt, wie wir zu kurz kommen in der Demut, die wir haben sollten! Vergib es uns. Wir sind alle unnütze Knechte, und wenn Du uns nach Deinem Gesetz richten würdest, wären wir alle verloren.«[79]

Der von Gott begnadigte Sünder ist seines Heils völlig gewiss, weil er auf die Gnade Gottes vertraut, die den Gottlosen um Jesu willen rechtfertigt.

»Denn wir urteilen, dass ein Mensch durch Glauben gerechtfertigt wird, ohne Gesetzeswerke« (Röm. 3,28).

»Also ist jetzt keine Verdammnis für die, welche in Christus Jesus sind« (Röm. 8,1).

»Denn ich bin überzeugt, dass weder Tod noch Leben, weder Engel noch Fürstentümer, weder Gegenwärtiges noch Zukünftiges, noch Gewalten, weder Höhe noch Tiefe, noch irgendein anderes Geschöpf uns zu scheiden vermögen wird von der Liebe Gottes, die in Christus Jesus ist, unserem Herrn« (Röm. 8,38-39).

In dieser frohen Gewissheit wird der Gläubige sein ganzes Leben aus Dankbarkeit in den Dienst Gottes stellen, um seine

Liebe zu seinem Erlöser auszudrücken und die unverdiente
Gnade Gottes zu rühmen:

»Auf dem Lamm ruht meine Seele,
Betet voll Bewunderung an,
Alle, alle meine Sünden
Hat Sein Blut hinweggetan.«

J.A. von Poseck

Was nun?!

Es mag sein, dass die Lektüre dieses Buches einige Fragen aufgeworfen hat.

Vielleicht entsteht die Frage, ob die angeführten Dogmen wirklich so ausgesprochen und korrekt zitiert wurden. Alle Lehrentscheidungen, die in diesem Buch ohne Quellenangabe aufgeführt wurden, können in dem Buch von Neuner-Roos: »Der Glaube der Kirche in den Urkunden der Lehrverkündigung« (Pustet Verlag) nachgeprüft werden, welches in jeder katholischen Bücherei ausgeliehen oder in jeder Buchhandlung bestellt werden kann.

Dieses – von Karl Rahner neu bearbeitete Werk – ist durch seine systematische Gliederung eine ausgezeichnete Hilfe, die Entstehung und Entwicklung der Dogmen im Lauf der Jahrhunderte zu verfolgen. Dieses Lehrbuch ist auch deswegen zu empfehlen, weil man dort eindeutig vor Augen hat, was die röm.-kath. Kirche lehrt und welche Lehren sie verurteilt.

Die neueren, volkstümlich geschriebenen Glaubensbücher wie z.B. »Der katholische Erwachsenen-Katechismus« (herausgegeben von der »Deutschen Bischofskonferenz« im Jahr 1985) und der »Katechismus der Katholischen Kirche« (1993) sind im Geist des nach dem 2. Vatikanischen Konzil aufgebrochenen Ökumenismus verfasst worden. Diese Bücher vermeiden an wichtigen Stellen alle Härten anderer Konfessionen gegenüber, geben aber ebenfalls – wenn auch etwas abgemildert – die »unfehlbaren« Lehrentscheidungen Roms wieder.

Wer sich intensiver mit den Dogmen der röm.-kath. Kirche befassen möchte, sollte die von Johann Auer und Joseph Ratzinger herausgegebene »Kleine Katholische Dogmatik« in 9 Bänden (Pustet Verlag) studieren, zumal der jetzige Papst daran mitgearbeitet hat.

Vielleicht kommt der Einwand, dass sich nach dem letzten Konzil in der röm.-kath. Kirche eine Menge positiv verändert hat. Das ist nicht zu leugnen. Man sucht jetzt nicht mehr die Konfrontation, sondern betont die Gemeinsamkeiten. An manchen Orten kann man von einer erfreulichen Bibelbewegung sprechen, es entstehen Hausbibelkreise, und ich bin dankbar, dass es viele Katholiken gibt, welche die Heilige Schrift lieb gewonnen haben und darin lesen.

Aber diese erfreulichen Aufbrüche sind dennoch kein Kennzeichen dafür, dass die Kirche einen grundsätzlich anderen Kurs eingeschlagen hätte. Das Unfehlbarkeits-Dogma von 1870 wird z.B. weiterhin bejaht trotz aller Kritik von Hans Küng und seinen Freunden, dem dafür 1979 die Lehrbefugnis als Professor an der Katholisch-Theologischen Fakultät der Universität Tübingen entzogen wurde.

Küng – dessen liberale Theologie ich ablehne – schrieb damals: »Johannes XXIII. und das 2. Vatikanische Konzil sind vergessen. Rom verträgt offenbar keine ›correctio fraterna‹, keine loyale Kritik, kein brüderliches Miteinander, keine dem Geist der Solidarität verpflichteten Anfragen. Menschenrechte und christliche Liebe werden nach außen gepredigt, im Innern aber trotz vieler schöner Worte missachtet.«[80]

Auch das jüngste Dogma von der »leiblichen Himmelfahrt Marias«, das 1950 verkündet wurde, ist vom 2. Vatikanischen Konzil bestätigt worden und hatte in Papst Johannes Paul II. einen glühenden Verfechter gefunden. Schließlich ist mit dem 2. Vatikanischen Konzil deutlich geworden, dass jeder röm.-kath. Theologe die Forschungen der historisch-kritischen Exegese zu berücksichtigen hat. Dadurch wird deutlich, dass bei aller Bereitschaft, der Heiligen Schrift mehr Gehör zu schenken, die Autorität der Bibel als unfehlbares Wort Gottes abgelehnt wird, während man weiterhin Papst- und Konzilbeschlüsse für unfehlbar und verpflichtend hält.

Allerdings kenne ich auch eine wachsende Anzahl von Christen innerhalb der katholischen Kirche, die bekennen, durch den Glauben an Jesus Christus und im Vertrauen allein auf die Gnade Gottes eine Bekehrung oder Wiedergeburt erlebt zu haben. Sie haben »Heilsgewissheit« und versuchen – von einer großen Liebe zu ihren katholischen Mitmenschen getrieben – innerhalb der katholischen Kirche das biblische Evangelium zu verkündigen und solche, die zum Glauben kommen, nicht an Menschen oder von Menschen formulierte Dogmen, sondern allein an die Heilige Schrift zu binden.

Diese Christen kennen oft die katholischen Dogmen kaum oder nur oberflächlich, und wenn man sie darüber informiert, lehnen sie diese als unbiblisch ab. Dennoch bleiben sie bewusst in der katholischen Kirche, um dort die vielen Möglichkeiten zu nutzen, suchende Katholiken auf Jesus Christus hinzuweisen.

Bei allem Respekt vor der Hingabe und Einsatzbereitschaft dieser Christen stelle ich die Frage, ob es aufrichtig und vor Gott und Menschen verantwortbar ist, aus pragmatischen Gründen einer Glaubensgemeinschaft anzugehören, die fordert, Dogmen anzuerkennen, die man selbst als unbiblisch und teilweise gotteslästerlich ablehnt.

Nach der Anregung, die kirchlichen Dogmen aufmerksam zu studieren, um sich ein eigenes Urteil zu bilden, möchte ich umso dringender bitten, diese Dogmen mit der Heiligen Schrift zu vergleichen.

Bitte lesen Sie Gottes Wort mit dem Gebet, Gottes Willen zu erkennen, und dann prüfen Sie bitte die Lehrentscheidungen Roms im Licht der Heiligen Schrift.

Wenn Sie dann dem Wort Gottes folgen, wird sich Ihnen eine neue Welt aufschließen: die persönliche Gemeinschaft mit Gott, dem Vater und die Gemeinschaft in Jesus Christus mit vielen Brüdern und Schwestern an vielen Orten in der ganzen Welt. Sie alle sind verbunden durch den gemeinsamen Glauben an den Herrn Jesus, der am Kreuz auf Golgatha ein vollkommenes Opfer für unsere Sünden gebracht hat und der allen ewiges Leben verheißen hat, die an ihn glauben: *»Wer mein Wort hört und glaubt dem, der mich gesandt hat, hat ewiges Leben und kommt nicht ins Gericht, sondern er ist aus dem Tod in das Leben übergegangen«* (Joh. 5,24).

Es ist eine neue Welt ohne Weihrauch und Glockenklang, ohne mächtige Kathedralen und beeindruckende Kirchenfürsten, ohne Mitglieds-Listen und Kirchensteuerbeiträge – ein Reich, von dem Jesus Christus sagt, dass es »nicht von dieser Welt ist« (Joh. 18,36) und von dem der Apostel Paulus spricht:

»Denn unser Bürgertum ist in den Himmeln, von woher wir auch den Herrn Jesus Christus als Heiland erwarten« (Phil. 3,20).

In diesem Reich leben Menschen, die »kein Haupt anerkennen als nur Christus, keine Gemeinschaft als nur seinen Leib, kein Hauptquartier als nur seinen Thron. Sie versuchen in echter Demut die Einheit des Leibes Christi zu bezeugen. In ihrer Gemeinschaft suchen sie einen Zufluchtsort zu bilden für wahre Gläubige, die vom Modernismus und den damit verwandten Übeln bedrückt sind. Diese Gemeinden verbindet nichts, was irgendwie irdischer Natur ist. Ihre einzige Einheit ist die, die durch den Heiligen Geist gebildet und aufrechterhalten wird, und sie sind damit zufrieden.«[81]

Es sind Gemeinden, die keinen Menschen zum Führer haben, in denen es aber doch eine alles entscheidende und bestimmende Instanz gibt: die Heilige Schrift, das Wort des lebendigen Gottes!

»Meine Schafe hören meine Stimme,
und ich kenne sie,
und sie folgen mir,
und ich gebe ihnen ewiges Leben,
und sie gehen nicht verloren ewiglich,
und niemand wird sie aus meiner Hand rauben.«

Johannes 10,27-28

Anmerkungen

[1] Katechismus der Katholischen Kirche, Oldenbourg Verlag, München, 1990, S. 34

[2] J.F. Sullivan: Die äußeren Formen der Kath. Kirche, Pattloch Verlag, Aschaffenburg, S. 394

[3] Zitiert in P.H. Uhlmann: Die Lehrentscheidungen Roms, AbC, Amtzell, S. 11

[4] Neuner-Roos: Der Glaube der Kirche, Pustet Verlag, Regensburg, 10. Auflage, Nr. 105-107

[5] Katechismus der Katholischen Kirche, a.a.O., S. 68

[6] Katholischer Erwachsenenkatechismus, E-Verlage, Bonn, 3. Auflage, 1985, S. 93

[7] Ebd., S. 128

[8] Ebd., S. 94

[9] Siehe: J. McDowell: Bibel im Test, CLV, Bielefeld, 2002, S. 72

[10] Einheitsbibel, S. 527

[11] Siehe: W. von Loewenich: Der moderne Katholizismus vor und nach dem Konzil, Luther Verlag, Witten, 1970, S. 207

[12] M. Luther: Vom verknechteten Willen, Luthers Hauptschriften, Verlag Steiniger, S. 393

[13] Neuner-Roos, a.a.O., S. 216

[14] Katechismus der Katholischen Kirche, a.a.O., S. 134

[15] Neuner-Roos, a.a.O., Nr. 785-786

[16] Katechismus der Katholischen Kirche, a.a.O., S. 245

[17] Ebd., S. 251

[18] Ebd., S. 226

[19] J.F. Sullivan, a.a.O., S. 52

[20] Katechismus der Katholischen Kirche, a.a.O., S. 350

[21] Ebd., S. 351-352

[22] Ebd., S. 349-350

[23] Ebd., S. 331

[24] Ebd., S. 346

[25] C.H. Spurgeon: Heilig dem Herrn, CLV, Bielefeld, 1987, S. 110-111

[26] Katholischer Erwachsenen-Katechismus, a.a.O., S. 362
[27] Ebd., S. 363
[28] A. von der Kammer: Der Heilige Geist, der in uns wohnt, CV Dillenburg, S. 36-37
[29] Katechismus der Katholischen Kirche, a.a.O., S. 364
[30] Neuner-Roos, a.a.O., S. 375
[31] Ebd., S. 376
[32] Ebd., Nr. 620
[33] Katechismus der Katholischen Kirche, a.a.O., S. 387
[34] Ebd., S. 384
[35] J.F. Sullivan, a.a.O., S. 148
[36] Heidelberger Katechismus, Frage 80
[37] M. Luther: Sermon von dem hochwürdigen Sakrament des heiligen Leichnams Christi
[38] M. Luther: Großer Katechismus
[39] H.J. Hegger: Die Katholische Kirche, Verlag Schulte + Gerth, Asslar, S. 108
[40] Neuner-Roos, a.a.O., S. 409
[41] Katechismus der Katholischen Kirche, a.a.O., S. 409
[42] Ebd., S. 489
[43] Ebd., S. 395
[44] Ebd., S. 400
[45] Ebd., S. 410
[46] Neuner-Roos, a.a.O., S. 438
[47] Katechismus der Katholischen Kirche, a.a.O., S. 410
[48] Ebd., S. 415
[49] Ebd., S. 418
[50] Neuner-Roos, a.a.O., S. 448
[51] Katechismus der Katholischen Kirche, a.a.O., S. 419
[52] Neuner-Roos, a.a.O., S. 448
[53] Katechismus der Katholischen Kirche, a.a.O., S. 425
[54] J. Auer/J. Ratzinger: Kleine katholische Dogmatik, Pustet, Regensburg, Band 8, S. 212
[55] Neuner-Roos, a.a.O., S. 466
[56] Katechismus der Katholischen Kirche, a.a.O., S. 439
[57] Katholischer Erwachsenen Katechismus, a.a.O., S. 396
[58] Katechismus der Katholischen Kirche, a.a.O., S. 436

[59] H.J. Hegger. a.a.O., S. 133

[60] L. Vogel: Mein Zeugnis, Selbstverlag, Zürich, S. 161

[61] Idea Dokumentation vom 15.2.1984

[62] Siehe W. Bühne: Die Propheten kommen!, CLV, Bielefeld,
      S. 172

[63] Focus vom 23.4.2005

[64] A.B. Hasler: Wie der Papst unfehlbar wurde, Ullstein,
      Frankfurt, 1981, S. 50-51

[65] Katechismus der Katholischen Kirche, a.a.O., S. 262

[66] Johannes Paul II.: Die Mutter des Erlösers, Christiana,
      Stein am Rhein, S. 48 und 55

[67] Neuner-Roos, a.a.O., Nr. 179

[68] Ebd., Nr. 195

[69] Ebd., Nr. 479

[70] Ebd., Nr. 480

[71] Ebd., Nr. 482

[72] Ebd., Nr. 483

[73] Ebd., Nr. 487

[74] J.N. Darby: Aberglaube ist nicht Glaube, Beröa Verlag,
      Zürich, S. 21-22

[75] J. Auer/J. Ratzinger: Kleine Katholische Dogmatik, Bd. 7,
      Pustet Verlag, Regensburg, 2. Aufl., 1979, S.187

[76] J.F. Sullivan, a.a.O., S. 470

[77] Ebd., S. 474

[78] H.J. Hegger, a.a.O., S. 82-83

[79] C.H. Spurgeon: Gehe in den Weinberg, CLV Bielefeld, 2.
      Aufl., 1985, S. 60-61

[80] A.B. Hasler, a.a.O., S. 316

[81] William MacDonald: Christus und die Gemeinde, CV
      Dillenburg, 1985, S. 124

Wolfgang Bühne
Wenn Gott wirklich wäre …

128 Seiten, Taschenbuch
ISBN 978-3-89397-755-0

Ein Buch mit vielen Beispielen, Zitaten und aktuellen Bezügen aus dem Lebensalltag. Der Autor macht deutlich, dass die Tatsache der Existenz Gottes vernünftige und einleuchtende Antworten auf die tiefsten Fragen unseres Lebens gibt. Denn wenn Gott wirklich wäre, »… dann hat Sünde nicht nur etwas mit Flensburg zu tun«, »… dann ist das Kreuz mehr als ein Modeschmuck«, »… dann ist Gnade kein Ausverkaufsartikel der Kirche«. So heißen einige der Kapitel, in denen die zentralen Themen des Evangeliums leicht verständlich und in zeitgemäßer Sprache dargestellt werden.

James G. McCarthy
Das Evangelium nach Rom

**Eine Gegenüberstellung
der katholischen Lehre
und der Heiligen Schrift**

448 Seiten, Paperback
ISBN 978-3-89397-366-8

Eine ausführliche und gründliche Widerlegung der
Lehren der römisch-katholischen Kirche anhand der
Bibel. Außer 24 Punkten, in denen das »Evangelium
nach Rom« vom biblischen Evangelium abweicht, zeigt
der Autor eine Fülle von unbiblischen Lehren über die
Messe, Maria und Autorität auf. In seiner Darstellung
hält er sich dicht an den neuen Weltkatechismus. Alle
Argumente zur Verteidigung des Katholizismus werden gründlich widerlegt.

R. und H. Pasquier
10 Jahre im Kloster

clv

160 Seiten, Taschenbuch
ISBN 978-3-89397-481-8

»10 Jahre im Kloster« schildert den besonderen geistlichen Werdegang eines Ehepaars, das sich nach der Wahrheit sehnte. Er war Atheist, sie war Katholikin. Nachdem sie dazu geführt werden, evangelikale und katholische Kreise zu besuchen, treten sie ins Kloster, in dem Glauben, dass sie so ein gottgeweihtes Leben werden führen können. In diesem Buch teilen sie uns ehrlich und einfach mit, was sie dort erlebt und gesehen haben. Ein wunderbarer Beweis der Gnade und der Liebe Gottes denen gegenüber, die ihn von ganzem Herzen suchen (Jeremia 29,13)!

William MacDonald
Das tat Gott

CLV

128 Seiten, Hardcover
ISBN 978-3-89397-364-4

Dieses Buch stellt die Größe der göttlichen Gnade vor und erklärt, wie der große Gott durch den stellvertretenden Tod seines Sohnes das Problem der Sünde gelöst hat. Auch der Gegensatz zwischen Gesetz und Gnade kommt ausführlich zur Sprache. Die völlige Unmöglichkeit, durch gute Werke etwas an der Errettung beitragen zu können, wird deutlich herausgestellt.